Un hueco en el vacío

De la Pastora **Yajaira J. Massi**

Para:_____

Un hueco en el vacio

*Todos tenemos conflictos,
especialmente conflictos emocionales*

Yajaira J. Massi

Número de Control de la Biblioteca del Congreso de EE. UU.:   2016920961
ISBN: Tapa Blanda   978-1-5065-1825-1
                         Libro Electrónico   978-1-5065-1826-8

Información de la imprenta disponible en la última página.

Fecha de revisión: 28/03/2017

Para realizar pedidos de este libro, contacte con:
Palibrio
1663 Liberty Drive, Suite 200
Bloomington, IN 47403
Gratis desde EE. UU. al 877.407.5847
Gratis desde México al 01.800.288.2243
Gratis desde España al 900.866.949
Desde otro país al +1.812.671.9757
Fax: 01.812.355.1576
ventas@palibrio.com
754597

INDICE

"El Espíritu del Señor está sobre mí, Por cuanto me ha ungido para dar buenas nuevas a los pobres; Me ha enviado a sanar a los quebrantados de corazón; A pregonar libertad a los cautivos, Y vista a los ciegos; A poner en libertad a los oprimidos;"

Lucas 4:18 (RVR 1960)

*"Dios no puede restaurar,
lo que tú no le has querido entregar"*

Pastora Yajaira Massi

DEDICATORIA

edico primeramente este libro al Rey y Señor de mi vida, quien me ha regalado salvación y vida eterna por su gracia, y en todos estos años ha manifestado su fidelidad sobre mí a pesar de mi humanidad y flaquezas, me ha guiado y amado con amor eterno, quien ha sanado mis heridas para hoy poder ser instrumento de bendición y ayudar a otras mujeres que como yo fuimos quebrantadas por el pasado.

A ti mi Señor Jesucristo que siempre me has mostrado tu fiel amistad.

****

A mi amigo, mi esposo, mi pastor, mi maestro y confidente, quien me conoce en lo secreto, gracias por ser no solo ejemplo, sino también estimulo para llegar a las metas, esta es una de ellas y tú has sido pieza fundamental para lograr el objetivo.

Gracias por tu entrega de amor

****

A mis hijos Joan y Raquel, quienes han sido un motor en mi vida para el esfuerzo y la perseverancia, y me motivan a luchar por dejar lo mejor de mí en sus vidas a pesar de mis imperfecciones, mi famlia es lo más importante después de conocer a mi Salvador, sin ustedes estoy incompleta.

Gracias por amarme

****

A todas aquellas Mujeres que quieren cambiar su perspectiva de quienes son; que estas líneas les pueda dar un aporte, anhelando que cada una pueda alcanzar el propósito que Dios tiene para sus vidas; creyendo lo que dice el Apóstol Pablo: "... el que comenzó en vosotros la buena obra, la perfeccionará hasta el día de Jesucristo;"

Filipenses 1:6 (RVR 1960)

PROLOGO

He escrito algunos prólogos de amigos autores que me han dado el privilegio de hacerlo y con gran interés lo he hecho leyendo sus manuscritos y examinando el contenido, comparándolo con su estilo de vida lo que me ha permitido poder dar mi recomendación sobre el tema escrito y sobre la relación con el autor. Ahora en este caso cuando recibí el pedido de escribir el prólogo de este libro, no tuve ninguna duda en aceptar, aunque si me sorprendió un poco ya que por estar dirigido principalmente a mujeres pensé que sería una dama quien lo escribiera, pues es la especialidad de la autora tratar sobre el tema "De Mujeres".

Así que con algo de sorpresa pero con gran entusiasmo le recomiendo el contenido de este libro pues conozco muy bien a la autora, y cuando digo que la conozco bien, lo digo en todo el sentido de la palabra, conozco su virtudes y sus defectos, conozco su manera de actuar en los momentos buenos y en lo no muy buenos, conozco como se conduce bajo la presión, conozco como habla en público y también lo que habla en privado, la he visto llorar de alegría y también llorar de tristeza. Sé también que es una mujer de convicciones firmes, no las negocia ni bajo el temor ni la vergüenza (eso me ha confrontado mucho a mi). Un gran atributo que posee es que es perseverante a pesar de los cambios de ánimo a los que tenga que enfrentarse, sus *metas son para iniciarlas pero también para terminarlas y entre ellas está este libro que ahora tiene en sus manos.*

Su contenido ha nacido del dolor y de los retos desde su niñez así como de su matrimonio al que ha tenido que hacerlo trabajar con gran esfuerzo; también de los aciertos y equivocaciones como madre de dos hijos, un varón y una hembra, ambos con tantas diferencias el uno del otro que ha hecho más exigente y ardua su labor de madre y esposa. Si aún no lo ha notado o no lo sabía, puedo decir todo esto con propiedad pues ella es mi esposa, mi compañera de vida por más de 31 años.

Usted tiene en sus manos un libro que le ayudará a enfrentar los diferentes desafíos que nos presenta la vida, aquí encontrará instrucciones Bíblicas para manejar el sentimiento de soledad, los conflictos que ocasionan las relaciones interpersonales, las huellas que deja la infancia, los cambios de sus emociones por diferentes razones, o por circunstancias que cambian repentinamente, emociones en altas y bajas producto de los choques emocionales; todo esto con el toque de las experiencias vividas y además compartidas en conferencias y charlas a mujeres de diferentes edades y culturas.

Lo que este libro le ofrece ha sido probado y hemos visto resultados en personas que escriben correos, envían mensajes de textos, o hacen llamadas o también en encuentro casuales en lugares públicos. Es conocido por muchos que la condición de algunos creyentes de la Fe Cristiana tienen un rumbo incierto y que al verlos hundidos en sus vacios dan la impresión de ser infelices y de estar abatidos, y sus conversaciones demuestran angustia y muchas veces confusión, sus experiencias de vida nos demandan a nosotros a que les ayudemos a salir de esa situación, pues como el Salmista preguntan: ¿Por qué te abates, oh alma mía, Y te turbas dentro de mí? Salmos 42:5 (RVR 1960). Esa es la razón por la que la escritora dedicó este tiempo a escribir sobre este tema, al que ha llamado "UN HUECO EN EL VACÍO".

Quiero finalizar diciéndole que aunque este es un libro escrito pensando en el corazón femenino, debe ser leído también por todo hombre casado y padre de familia que necesita mejorar su relaciones de convivencia con todas las mujeres de su vida, con su esposa, con su madre y con sus hijas y de seguro ellas se lo van a agradecer. Creo firmemente que aquí encontrará ayuda para esos momentos que siente que hay "Un hueco en el vacío"

Pastor J. Antonio Massi
Ministerio Restaurando la Familia.

INTRODUCCIÓN

Escubrir *los efectos que producen nuestras acciones, reacciones y actitudes diarias dentro de las relaciones interpersonales ciertamente no es fácil para nosotras como MUJERES. En nuestras vidas cotidianas no vivimos relacionando el porqué de nuestros choques emocionales, palabras y comportamientos, ni tomamos el tiempo para analizar y observar si esto es producido por una trascendencia de nuestro pasado, ni hacemos inventario para descubrir cuan profundo ha sido el hueco en que hemos caído.*

Definitivamente no hacemos día a día un balance ni actuamos como nuestros propios sicólogos para determinar el vacio producido por conductas viciadas que a veces quedan hasta de por vida y que traen en algunas ocasiones como resultado una existencia miserable, sin condiciones emocionales aptas para vivir una vida plena de gozo, paz y amor como lo ofrece Dios y su Palabra.

Porque creo que la palabra de Dios es poderosa, y ya que ha sido mi propia experiencia transitar por la libertad que ofrece Cristo Jesús, es que me he motivado a dejar estas páginas en un libro más para un lector, pero una verdad para aquel que quiere llegar al fondo de sus acciones y reacciones y descubrir que estas van más allá de la simple conformidad de decir: "es que yo soy así".

Aunque esa expresión tiene algo de cierto, pero eso no tiene que ser definitivamente una conducta permanente que nos lleve a escudar lo que hay detrás de cada acción y de esa expresión, el no querer enfrentarnos a la realidad de lo que escondemos en nuestros corazones es lo que nos puede llevar a crear un hueco en el vacío, por donde se fugan las promesas que Dios tiene para nosotras; podemos ser así pero podemos cambiar, para disfrutar del plan final trazado por nuestro creador.

Somos hijas de nuestro pasado, las huellas producidas por las relaciones parentales y del entorno en que crecemos son una influencia para formar nuestra personalidad, pero lo importante y definitivo no es de dónde hemos venido, lo importante es hacia dónde vamos. Cada una de nosotras tiene la elección de escoger cambiar su destino, ya sea para muerte o para vida espiritual y emocional, y la Palabra de Dios nos da la oportunidad de escoger y nos dice: "A los cielos y a la tierra llamo por testigos hoy contra vosotros, que os he puesto delante la vida y la muerte, la bendición y la maldición; escoge, pues, la vida, para que vivas tú y tu descendencia" Deuteronomio 30:19 (RVR 1960). Cada una de nosotras es responsable de asfaltar un camino estable donde no hallan huecos ni vacios emocionales para poder transitar por el y dejarlo a nuestras próximas generaciones.

El llamado de experimentar la vida a plenitud está abierto, solo es nuestra elección escoger bien para terminar nuestros días sobre la tierra, disfrutando de una buena calidad de vida y aportando esa misma calidad a nuestros seres amados y a los que están a nuestro alrededor, porque somos bendecidas para bendecir.

16

Dios pone delante de ti la bendición y la maldición, tuya es la elección.

Yajaira J. Massi
Dover, Florida, USA
Enero 2017

Capítulo 1

CAMINANDO SIN LIBERTAD

"...y conoceréis la verdad, y la verdad os hará libres."
Juan 8:32 (RVR 1960)

través de mi caminar como Cristiana y mirando atrás desde el lugar en el que me encuentro hoy como mujer, dando pasos de libertad en Cristo Jesús; jamás imaginé descubrir que en mi mundo interior hubiesen huecos; sí, huecos en mi vida emocional por las cuales se había fugado por mucho tiempo la bendición que Dios siempre tuvo preparada para mí como mujer e hija, donde no solo perdí disfrutarlas, sino que también perdí la oportunidad de tener una relación saludable con las personas que estaban a mi alrededor y especialmente las que más amaba.

Eran los huecos que se formaron a través de mi crecimiento y que crearon un gran vacío en mi ser. Desde niña y como toda persona, comencé a ser impactada tanto positiva como negativamente en mis emociones, de lo cual no solo conservo y guardo recuerdos buenos, sino también que quedaron impregnados los malos *recuerdos de relaciones quebrantadas que hicieron mella en mi corazón y que modelaron mi conducta, que en la ignorancia de pensar que todo era normal estos fueron de gran impacto negativo.*

Nos podremos preguntar el porqué de la demanda de Dios en Proverbios 4:23 que dice: "Sobre toda cosa guardada, guarda tu corazón; porque de el mana la vida". (RVR 1960), Y es que la vida no es solamente tener signos vitales y un cuerpo saludable para enfrentar la cotidianidad, es más que eso, vida, es poder disfrutar del regalo que él nos ofrece de transitar por esta tierra en una existencia relacional sana con nuestro Padre Celestial, con nuestros semejantes y con nosotras mismas, pero para tener estas beneficiosas experiencias relacionales es importante cuidar el lugar de donde se origina esa calidad de vida; y Dios nos demanda que hay que proteger nuestros corazones, lugar que es cede de nuestras emociones, que aportan vida o muerte espiritual, emocional y hasta física, es allí donde se encuentra el motor de conducta de un individuo para bien o para mal, para bendición o para maldición, y Jesús en su ministerio terrenal lo pudo definir de esta forma: "El hombre bueno, del buen tesoro de su corazón saca lo bueno; y el hombre malo, del mal tesoro de su corazón saca lo malo; porque de la abundancia del corazón habla la boca" Lucas 6:45 (RVR 1960), es por esto que el corazón debe estar resguardado por nuestro creador quien conoce lo oculto y escondido de cada ser, él sabe lo que queremos, sentimos, y el tesoro que hemos guardado, nuestro corazón se convierte en un receptor, en un depósito de almacenamiento de emociones que nos mueve a acciones buenas o malas, y es solo quien nos creó el que nos puede ayudar a superar los recuerdos negativos del pasado, colocar vallas de protección para enfrentar el presente y prepararnos para cuidar el futuro.

A veces pensamos que es la fama, el nombre, las muchas cosas que hacemos o la prosperidad financiera que tenemos la que nos proporciona el éxito y la felicidad; atendemos llamadas de negocios, aceptamos todas las invitaciones que nos hacen, nos envolvemos en el circulo del que hacer y lograr para sentirnos realizados, vivimos conectados con las redes sociales (sin socializar), pero todo esto se convierte en efímero y pasajero, si no entendemos que sin libertad emocional y espiritual esto solo será una forma de escape de nuestra verdadera realidad e identidad, de quienes somos y a dónde vamos, y no alcanzamos a disfrutar a plenitud tales conquistas.

En mi ya más de cincuenta años de vida, muchos de los momentos de dolor y prueba que pude experimentar, fueron producto de los malos tesoros en mi corazón, donde los malos resultados me confrontaron con la realidad de que tenía que ordenar mi mundo interior, había creado un centro de almacenamiento de todos los malos recuerdos que viví con mis padres y hermanos desde pequeña y que no entendí hasta ya adulta la influencia que tuvieron para definir en mí, conductas viciosas como la baja auto estima, la amargura, la ira y la culpa; quebrantos no resueltos a pesar de estar en la iglesia, y que se los facturé a mi nueva familia.

La verdad es que estos impactos se trasladan a generaciones si no rompemos con el eslabón de herencia que nos une, solo el poder trasformador de Jesucristo lo puede romper y nos puede llevar a la verdadera libertad. Muchas veces, pensamos que solo debemos orar y buscar liberación por los pecados ocultos como los sexuales, las adicciones, los homicidios, la idolatría o hechicería, pero que de los pecados que producen las emociones quebrantadas como la ira, el resentimiento, la envidia, enemistades, pleitos, celos, las contiendas; igualmente delante de Dios son pecado, no menos que los otros y que no percibimos cuanto dominan nuestras conductas convirtiéndose en un estilo de vida, estos pecados llenan nuestros corazones de vacios profundos, aislándonos y quebrantando relaciones y que nos hacen sentir tan miserables que nos hunden en la miseria emocional y espiritual. Quiero decirte amiga mía que de estos también necesitamos ser libres, ellos nos condenan tanto como los otros.

Caminando con este equipaje de pecados emocionales, las puertas se cierran, el plan de Dios se detiene, la bendición no fluye, la vida espiritual se seca, el Espíritu Santo se entristece, solo observamos derrota tras derrota, estancamiento, miseria y como resultado nos queda manejar nuestras vidas con nuestras propias fuerzas, lo cual no conduce a resultados fructíferos; de allí la invitación de Dios de que tengamos la confianza de entregarle nuestro centro de almacenamiento para que el sea el administrador y en su presencia podamos hacer un inventario de lo que hay en depósito, y así desechemos lo malo y cultivemos lo bueno, él dice: "Dame, hijo mío, tu corazón, Y miren tus ojos por mis caminos." Proverbios 23:26 (RVR 1960), así que mujer si quieres resolver tus conflictos internos, soltar el equipaje, limpiar el centro de almacenamiento de malos tesoros, tapar los huecos que traen vacios, tienes que aceptar la invitación, solo él, tu creador tiene el poder de ordenar y llenar tu mundo interior y sacar a la luz lo mejor de ti.

Entre las tantas cosas que he aprendido de mi Padre, es que siempre llega a tiempo y no se cansa de trabajar en nosotras para llevarnos a disfrutar de su amor, gozo y paz y hacer nuestra la promesa de que siempre quiere bendecirnos en todas las áreas de nuestras vidas. Pues él llegó a tiempo a mi vida y quiere llegar a la tuya, y no porque no le había aceptado; llevaba algunos años de aceptarlo como mi salvador y no solo eso ya estaba activa en el ministerio pastoral, y a pesar de estos años, solo de oídas le había oído, porque no había experimentado el fruto del Espíritu en mi interior; pero un día, el día que él había preparado para mi, intervino para tomarme de su mano benéfica sacarme del hueco de la desesperación y guiarme a una vida de estabilidad emocional.

El Señor a través de su Palabra y guiada por El Espíritu Santo llegó a tiempo para mostrarme el equipaje que traía conmigo y que yo, solo yo quería conservar; tal vez de una manera consciente a veces de manera inconsciente conservaba un equipaje preparado literalmente por herencias generacionales y recuerdos del pasado que mantenía como parte de mi vida y por ningún motivo quería desprenderme de el.

La Biblia dice: "y conoceréis la verdad, y la verdad os hará libres" Juan 8:32 (RVR 1960)

Definitivamente la verdad de lo que conocemos de nuestro pasado nos puede dar un diagnóstico del porqué de nuestra forma de caminar en la vida y al descubrirla podemos trabajar juntamente con el Espíritu Santo para cerrar huecos y llenar vacios, romper maldiciones por herencia, sanar heridas, arrancar raíces y así lograr plenitud en Cristo Jesús. Eso me pasó a mí, ahora puedo caminar en libertad, y por eso lo quiero compartir en estas líneas, para que tú también lo puedas disfrutar.

Esta no solo ha sido mi realidad sino también la realidad y verdad de muchas madres, esposas, hijas y hermanas que vivieron sumergidas en el fracaso, culpabilidad, derrota, depresión y miseria emocional y el Señor les ha tomado de su mano; como puede ser la realidad tal vez de usted que lee este libro, y que se siente identificada, o está pasando por un proceso similar al mío, puede ser hoy el día de liberación, o puede llegar a ser la realidad de alguien cercano a quien conoces con un mundo interior desordenado, desestabilizado y que pende de un hilo porque el peso del pecado emocional nos los permite avanzar. Cualquier mujer puede ser la protagonista de cambiar su historia de lamento en baile.

Espero que mis próximas líneas aporten herramientas para caminar por la verdadera libertad en Cristo Jesús y descubras que hemos sido creados con identidad y propósito.

Capítulo 2

CREADA MUJER PERO MARCADA POR EL PASADO

"No os acordéis de las cosas pasadas, ni traigáis a memoria las cosas antiguas. He aquí que yo hago cosa nueva; pronto saldrá a luz; ¿no la conoceréis? Otra vez abriré camino en el desierto, y ríos en la soledad"
Isaías 43:18-19 (RVR 1960)

scucho personas contar sus historias en las que se reseñan solo los eventos buenos que han tenido en su niñez y que se cohíben de expresar las vivencias negativas que han experimentado en esa etapa de sus vidas, es como si hubiese un bloqueo emocional que nos les permite compartir esas verdades para poder ser sanadas; y a mí me pasaba igual por el simple hecho de tener un nombre ministerial, algunas veces por vergüenza del qué dirán, a veces por dolor, otras veces para no verme enfrentada a una realidad que marcó mi personalidad y mi conducta, me condujeron a mantener en mi privacidad este conjunto de eventos negativos que solo me llevaron a encerrarme en una jaula emocional.

Lo cierto es que yo recuerdo perfectamente mi infancia como si la estuviera viviendo ahora, pero gracias a mi Padre Celestial que quedó en el pasado, ya que crecí y ha quedado solo en mi mente para sacar de ella lo que puedo dejar en estas páginas que te puedan identificar con mi historia y te ayuden a ser una mujer libre en Cristo Jesús.

Crecí en un área pobre, éramos una familia de bajos recursos y vivíamos mis padres y mis tres hermanos (dos hembras y un varón) y yo, la pequeña de la casa; bueno me decían la consentida porque era la última de las hijas. Mi padre siempre se esforzó por ser un buen proveedor y lo recuerdo como si fuese hoy, llegar a casa y en sus manos traer el pan y la leche que nunca faltaba, la verdad es que nunca faltó la comida en nuestra mesa, mi padre siempre fue un hombre responsable en su provisión material, yo diría que a pesar de ser de bajos recursos teníamos lo suficiente, comida, ropa, casa, juguetes, por lo que guarde el concepto de que éramos una familia normal y feliz.

Lo que no entendía es que nuestras vidas no solo se alimentan de comida para cuidar nuestros cuerpos físicos, sino que también se alimentan de relaciones emocionales ya sean estas sanas o relaciones emocionales enfermas que marcan nuestra personalidad, positiva o negativamente, algo en lo que ya adulta descubrí por la gracia de Dios.

Volviendo al recuerdo, no olvido a mi padre quien no tuvo estudios básicos, solo aprendió a leer y escribir, que asumía un comportamiento introvertido, poco conversador, y quien al igual que todos traía las marcas de su pasado, esas marcas generacionales que se convierten en nuestra herencia; trataba de hacer su mejor papel como esposo y padre dentro de su ignorancia y lo que él nunca imaginó era que sus adicciones al alcohol y reacciones por los efectos del mismo, pudieran marcar las emociones de su niña consentida y no solo en mí, sino también el resto de mis tres hermanos.

La conducta de mi padre se dividía en una dualidad de querer ser el esposo y padre protector de una familia normal y la conversión de buscar un escape a los problemas cotidianos en el licor, que lo llevaban a su vez a socavar la normalidad familiar que el protegía materialmente y que nunca entendió que la marcaba emocionalmente.

Así crecimos, sin mi padre comprender los vacios que dejaba y sin nosotros saber el modelo que marcaría la personalidad de los miembros de nuestra familia y las consecuencias que acarrearían en nuestras relaciones futuras.

Hoy quiero decirles que al final de los días de mi padre que ya partió de esta tierra, pude tener con él las mejores relaciones y logré perdonar su ignorancia que lo llevó a marcar mi vida negativamente, pero no mi destino, porque este ultimo lo marcó mi Padre Celestial, a quien encontré en momentos determinantes, donde la influencia paterna me llevó al otro lado del camino pensando que la vida era dada para disfrutarla en los placeres del mundo, recorrido que inicie en mi adolescencia producto de la carencia paternal que tenía, en ese tiempo mi Señor tocó las puertas de mi corazón y puede entender que él tenía cosas mejores para mi futuro.

Años más tarde al llegar a los caminos del evangelio, mi Padre Celestial vino a ocupar esa posición de protector y proveedor en mi vida emocional que nunca recibí de mi padre biológico, y al referirme a muchos años después de mi conversión lo refiero no porque inmediatamente de conocerle no era mi guía, él me llamó para ser el todo en mi vida pero yo no entendí el plan completo de salvación, lo cual me llevó años en descubrirlo y disfrutarlo.

Cuando escribo estas líneas acerca de la vida de mi padre lo hago con la entera satisfacción de que aprendí por la Palabra de Dios a liberarlo de toda culpa por las huellas que dejó en mi vida, en otras palabras puede perdonarlo y aceptar que solo era una cadena de eventos generacionales que se repetían y creaban en mi corazón un hueco profundo con un vacio interminable, que me llevaron a adoptar conductas y un estilo de vida inapropiado; pero lo bueno es que Dios no llega tarde como lo dije antes, pude liberar a mi papá a través del perdón y me pude sanar de tantas raíces de amargura que se arraigaron en mi corazón, rechazo, baja auto estima y culpabilidad.

Recuerdo a mi madre, esforzada, luchadora, toda un ama de casa quien ha dejado en mi ejemplo de tenacidad, de lucha, trabajo arduo, cuidadora de casa, que amo profundamente y con quien hoy a sus 84 años, comparto una relación sana. Ella con todas estas cualidades pero con una limitación de expresar sentimientos de amor, mi madre la que mandaba, decidía, ordenaba, cuidaba la estética de nuestra humilde casa, no cuido un detalle importante, porque tampoco lo recibió de sus padres, el de proteger el corazón de cuatro niños que se exponían a sus diferencias como esposos; cuadro que fuimos guardando no solo en nuestro consciente sino así mismo en nuestro inconsciente y que nos llevó a cuatro hermanos a vivir vidas sin plenitud de gozo, amor y paz por largo tiempo, con una relación familiar quebrantada, cada uno librando silenciosamente sus batallas emocionales, soledades, tristezas y resentimientos.

Al pasar el tiempo hago un recuento y descubro que la historia se repite en mujeres que forman un carácter no solo por genealogía, sino también por adoptar conductas y comportamiento dentro del vinculo familiar que las marcan, mujeres que llegan al vinculo del matrimonio para unir dos personalidades totalmente diferentes, con historias y pasados a veces inigualables, y formaciones nada parecidas, para crear así una nueva familia; donde a pesar de todas estas diferencias se prometen amor eterno y con el compromiso hasta que la muerte los separe y en esa unión criar y educar nuevas vidas, dejando en ellos un legado emocional; ¿complicado verdad?

De allí que Dios se interesa en la humanidad, su ofrecimiento no solo está enfocado en que obtengamos la vida eterna, también está dirigido a sanar y restaurar nuestra vida emocional para que nuestro mundo interior este ordenado y así poder disfrutar de una vida relacional saludable y una vida emocional estable.

Lo cierto de esto es que al hacer un análisis familiar desde el lugar en el que me encuentro, descubro que aunque logramos niveles académicos universitarios, estabilidad económica, buenos empleos, no así logramos vivir vidas emocionales firmes, y la vida de tres hermanas fueron impactadas emocionalmente en el trayecto de nuestro crecimiento por haberse producido un hueco en el vacío.

Usted se preguntará el porqué contar una historia tan personal, y con una connotación hasta triste, cuando el pasaje que utilicé para el título de este capítulo dice precisamente que no debemos acordarnos de las cosas pasadas, ni tampoco debemos traer a memoria las cosas antiguas; de manera personal lo que entiendo de esta expresión del profeta Isaías es que no deben estar en nuestros pensamientos los recuerdos del pasado para anclarnos y quedarnos en ellos con el sentimiento de cómo podemos cobrar los daños, si utilizamos el recurso del recuerdo debe ser solo para enfrentar la verdad de los acontecimientos y superarlos, no para vivir en los sucesos negativos y hundirnos en la derrota y la miseria, Dios mismo dice que él hará cosas nuevas y que el habrá de manifestarlas en la luz, pero: ¿cómo sabremos cuáles son esas cosas nuevas si no conocemos y nos despojamos de las viejas?, no puedes traer a memoria los malos recuerdos para pensar en cuanto daño te hicieron, o lo malo que te trataron, deben venir a la memoria para ser sanados, para poder romper con el ciclo de maldición.

Cuando con sanidad y libertad las contamos experimentamos dos cosas: no sentimos ya el dolor del pasado, y transitamos por el camino del perdón, pudiendo ayudar a otras mujeres que se sienten identificadas a que puedan descubrir que hay un hueco en el vacío, pero que Dios y su Palabra las puede guiar para salir de allí, perdonar y tener un nuevo comienzo con real identidad, entendiendo que hemos sido creadas con propósito, bendecidas para bendecir.

A través de nuestras experiencias como consejeros mi esposo y yo nos encontramos con mujeres que manifiestan el mismo cuadro que yo experimenté, huecos profundos en el corazón, con baja auto estima, culpa, soledad, depresión, amargura, resentimiento y temor, tal vez no exactamente por los mismos sucesos pero si con los mismos efectos y resultados. El caso es que nunca podrán salir de ese marco hasta que la verdad consciente de tu pasado no sea revelada ante la presencia de nuestro Padre Celestial quien conoce lo intimo y lo oculto del corazón, y esto no para hundirte aún más con estos choques, sino que puesto al descubierto el diagnóstico puede ser desechado del corazón.

Capítulo 3

UNA COSTILLA LLAMADA MUJER

"Y de la costilla que Jehová Dios tomó del hombre,
hizo una mujer, y la trajo al hombre"
Génesis 2:22 (RVR 1960)

s poderoso para una mujer cuando descubre la calidad con la cual Dios la ha creado, el entender a través de las escrituras el plan para el cual fuimos formadas y la identidad que tenemos como hijas, esto descorre una cortina de oscuridad que el enemigo coloca en la mente y corazón de muchas mujeres que caminan sin propósito y objetivos claros, mujeres que no tienen una visión de quienes son verdaderamente en Cristo Jesús.

Y es que muchas mujeres en mis conferencias se acercan a preguntarme si realmente Dios tiene planes y propósitos con ellas, cuando me abordan observo en sus palabras y rostros esa inseguridad de creer que nuestro Padre Celestial verdaderamente tenga algún objetivo personal con ellas, y me dicen: ¿Qué planes puede Dios tener conmigo? Sus expresiones van más allá afirmando: Pastora Massi "si usted supiera cómo me siento, llegué a esta conferencia derrotada"; "mi caminar en la vida ha sido derrota tras derrota, es que usted no sabe de donde yo vengo, ni se imagina lo que yo he sufrido"; entiendo que esta afirmación es cierta ya que desconozco la historia de muchas de estas mujeres, ciertamente muchas de nosotras viene de pasados oscuros y sombríos y el recorrido haya sido de abusos, fracasos y traiciones, pero lo extraordinario y milagroso es que Dios quien está interesado en salvar, sanar, restaurar y edificar; y que si sabe perfectamente de dónde venimos, quiere que descubramos que para él lo importante no es ese pasado triste recorrido que nos atormenta; a nuestro papito bueno no le importa de dónde tu y yo venimos a él lo que le importa es hacia adónde nos dirigimos, a Dios le importa que encontremos el enfoque correcto que nos lleve al destino final, centrando nuestra puntería en el blanco del propósito divino; así que la decisión de tomar control de nuestro futuro está en nuestras manos para ponerlo dentro del marco de la voluntad de Dios, lo que quiero decir con esto es que cada mujer es responsables de no abortar el plan de Dios en su vida, independientemente del equipaje que traiga.

El haber descubierto que mi Padre Celestial nos ha creado especiales y extraordinarias, me lleva a la meta ministerial de ayudar a muchas mujeres a vivir en plenitud, que puedan disfrutar de su rol como mujeres piadosas, esposas, madres, hijas, hermanas y amigas, y ser en esta sociedad portadoras de las buenas nuevas de salvación como embajadora de Jesucristo; convirtiendo las verdades liberadoras de la Palabra de Dios en nuestras vidas en un eslabón, para proclamarle a otras mujeres, como las de mis conferencias, que pueden ser diferentes, que pueden marcar un pauta distinta en sus corazones, que sus historias tristes pueden ser cambiadas por amor, respeto, fuerza y dignidad; diseñadas por el creador con dones, capacidades, habilidades, inteligencia, bendecidas para bendecir a los que están a su alrededor.

Así que mi enfoque en estas líneas es que como mujer, ese hueco en el vacío que fué creado por las malas experiencias sea cerrado y llenado por el amor de Cristo, y que puedas encontrar un sentido de pertenencia de lo que verdaderamente eres como creación y que logres internalizarlo y hacerlo parte de ti.

Somos el sello de la creación

Alguien dijo que nosotras le pusimos el punto a la i, con nuestra creación le colocaron la tapa al frasco, lo que significa que nuestra creación tiene una implicación de suma importancia ya que vendríamos a darle el toque final a la completa creación, y no precisamente como un adorno en la tierra, sino como un complemento de utilidad para hacer efectivo el trabajo que al hombre le corresponde, así que de no habernos creado, la labor del hombre hubiese sido incompleta, por lo que no somos creación de segunda mano o baja calidad o como dicen en sentido coloquial, las mujeres no somos plato de segunda mesa; en otras palabras somos indispensables dentro del plan de Dios, así que encajamos perfectamente dentro del rompecabezas divino.

Dios observa un problema y trae una solución llamada MUJER

Después de Dios haber realizado toda la creación, ve que todo lo creado era bueno: "Y vio Dios todo lo que había hecho, y he aquí que era bueno en gran manera..." Génesis 1:31 (RVR 1960), comenzamos en el huerto con buenas noticias: todo lo que Dios hace es bueno, buenísimo y mas que bueno; pero en este proceso creativo observa un problema, era que el hombre que había creado para que liderara y señorease sobre las aves de los cielos, las bestias del campo y los peces del mar estaba solo, y usted leyendo mis líneas pudiese preguntar: ¿como en medio de tantos animales y naturaleza creada Adán pudo sentirse solo?, y es que el problema surge cuando no tienes como compañía al complemento adecuado, no encaja la pieza correcta en el rompecabezas; te imaginas a todos los animales a los que Adán colocó nombre, al caer la tarde cada uno con su complemento: ¿la jirafa con su compañero, el mono con la monita, el loro con su lorita y Adán sin su media naranja?, pues entonces el Dios que todo lo hace bueno, cuando ve un problema siempre trae una solución. Haciendo un paréntesis en mi línea de pensamiento, es lo que sucede con nosotras muchas veces cuando tenemos un problema, preferimos acudir primero al abogado, al consejero, al sicólogo, al médico y por ultimo acudimos a nuestro Dios el hacedor de maravillas para conseguir una salida, esto después de agotar los primeros recursos; pero si invertimos el orden y acudimos en primera instancia a nuestro papito bueno, seguro tendremos respuestas efectivas de aquel que ha prometido estar con nosotras todos los días hasta el fin.

Si hoy mujer cuando lees estas líneas te encuentras en un problema, una situación difícil, en este momento estas en un callejón sin salida, no le ves solución a tu problema, Dios que te creó como complemento y te conoce, él puede traer hoy una salida a tu necesidad.

Exactamente eso fue lo que sucedió en el huerto del Edén, el creador observa el problema que no es otra cosa que la soledad de Adán y se ingenia traer una solución y dice: "... No es bueno que el hombre esté solo; le haré ayuda idónea para él" Génesis 2:18 (RVR 1960), en otras palabras la mona no cuadra, la lora tampoco, la jirafa menos, le haré un complemento, la pieza adecuada a su necesidad, una pareja a la altura de su creación, le haré una mujer.

Dios que se las sabe todas, lo prepara todo para traer la salida, dicen las escrituras: "entonces Jehová Dios hizo caer sueño profundo sobre Adán, y mientras éste dormía, tomó una de sus costillas, y cerró la carne en su lugar". Génesis 2:21 (RVR 1960). Me apasiona este relato y de el me hago un cuadro en mi mente creativa y analítica, imagínense esta escena: prepara un quirófano en el centro del huerto del Edén, toma al hombre lo coloca en la sala de operaciones, le inyecta anestesia total, toma el bisturí, realiza el procedimiento quirúrgico extrayendo una de las costillas para crear el complemento perfecto llamado mujer, cierra la carne y reversa la anestesia para hacer volver en sí al recién operado, y en el proceso de recuperación post operatorio el creador prepara su nueva creación, su regalito, para presentársela al paciente convaleciente y como muchas veces sucede en los cuartos de hospital llegan las visitas con algún detalle con cintica y lacito, me imagino al creador con este extraordinario regalo con una tarjetita de presentación con las siguientes palabras: para Adán con amor, firma Dios. Definitivamente le puso la tapa al frasco y el punto a la i, somos el sello de la creación.

Dicen las escrituras: "Y de la costilla que Jehová Dios tomó del hombre, hizo una mujer, y la trajo al hombre" Génesis 2:22 (RVR 1960), así que crea a la mujer de la costilla y me gusta la expresión: "y la trajo al hombre" si observa el pasaje no dice que al crearla se la dejó en algún lugar del huerto, no dice que se la tiró, dice que se la trajo al hombre; así que lo que Dios tiene para ti él no te lo tira, no te lo envía con terceros, sino que lo prepara con sumo cuidado y delicadeza y te lo trae, hace una entrega especial con nombre y apellido, directo a la puerta de tu corazón.

Nuestro Padre Celestial es delicado y detallista, y entrega en las manos de cada uno de sus hijos sus bendiciones para que las disfrutemos, él no nos trata como objetos de segunda ni nos tira para caer en cualquier lugar, así como nos hizo con gran delicadeza a cada mujer, también nos coloca en esta tierra como un regalo preciado para cumplir sus planes ya trazados.

Y Adán al recibir a su costilla convertida en mujer, reconoce que esa es la pieza adecuada que necesitaba para armar el rompecabezas y calmar su soledad; aunque no participó de la creación reconoce que es parte de él, no para dominarla, ni humillarla, sino para complementarse; dicen las escrituras que lo reconoce con esta expresión: "Dijo entonces Adán: Esto es ahora hueso de mis huesos y carne de mi carne; ésta será llamada Varona, porque del varón fue tomada". Génesis 2:23 (RVR 1960), reconoció que había en ella mucho de él, en otras palabras le da un reconocimiento de pertenencia, era la compañera que requería para cumplir con el propósito por el cual él también fue creado. Así que Dios no le creó a Adán a Esteban, no le creo otro varón, le creo a Eva, toda una escultural mujer como complemento.

Dios no creo a Eva porque estaba aburrido viendo a Adán en el huerto, ni tampoco porque a este le sobrara una costilla o para convertirla en un problema para el hombre colocado en el Edén, como piensan y se ven muchas mujeres en este tiempo sin valor, se preguntan para que viven, caminando sin gozo, se hunden en la depresión y hasta acarician la idea de quitarse la vida; pero en el marco de la creación no somos ni seremos un problema, venimos a existir para traer solución y ser de bendición a todos los que están a nuestro alrededor

Nosotras como mujeres estamos obligadas a vernos como Dios nos ve, a vernos como un preciado regalo sobre esta tierra, con propósitos divinos, con un diseño de la alta calidad, con cualidades extraordinarias y capacidades sobrenaturales.

Cuando cada mujer logra descorrer las cortinas de oscuridad que las cercan y nublan, ellas pueden llegar a alcanzar la meta de colocarse en el nivel correcto y podrán darle un duro golpe a los impactos emocionales negativos que producen vacios y que por años quedan atrapadas a pesar de estar acompañadas; choques que se convierten algunos en temas para mis próximos capítulos, donde descubriremos las verdades ocultas en lo profundo del corazón y que necesitan ser reveladas a la luz de las escrituras para caminar por la libertad que ofrece Cristo Jesús.

Capítulo 4

LA CULTURA TE MUTILA Y
LA SOCIEDAD TE EXPLOTA

l enemigo de nuestras almas al cual llamaré con nombre y apellido: satanás, el diablo, ha trabajado descalificándonos y anulando la posición de importancia que nuestro Padre Celestial nos designó y hace oposición para que no cumplamos el objetivo original de complemento y ayuda idónea, lo hace levantando barreras para que no desarrollemos el regalo de las capacidades extraordinarias con las cuales hemos sido dotadas, extraídas solo de una costilla. No podemos negar que a través de la historia ha utilizado dos estrategias que le han dado resultados efectivos; por un lado la influencia de la cultura en nuestra formación como individuos, dicha influencia mutila el potencial de la mujer, y al otro extremo nos encontramos a una sociedad que explota el delicado diseño de Dios.

La cultura mutila el potencial de la MUJER

En una esquina encontramos la influencia marcada de la cultura donde se desarrolla parte de nuestra personalidad, la cultura del país en el que nos formamos ejerce un dominio en nuestra conducta. He podido estudiar y observar el comportamiento de muchas mujeres de habla hispana como son dominadas por un una influencia a la que yo de manera personal la he calificado con el complejo de doña florinda, tal vez es algo gracioso para todos los que conocemos la historia del chavo del ocho, la comedia de una vecindad muy peculiar donde sucedían cosas que nos hacían reír al ver la serie, donde podíamos observar como parte de los personajes a una señora que reflejaba ser toda una ama de casa, con unos rollos en la cabeza y un delantal que la mostraba una madre que cuidaba muy bien a su hijo Kiko y perdidamente enamorada del profesor Jirafales; lo cierto es que este modelo de mujer trajo a mi corazón un cuadro en el que por décadas han querido colocar a las mujeres con ese concepto de que "las mujeres solo sirven para: cocinar, lavar, planchar, limpiar...". Y muchos hombres y esposos influenciados por la misma cultura han desestimado el valor de las esposas y catalogan que solo sirven para las funciones únicas de amas de casa, colocándolas en un plano secundario y aún más, son abusadas y maltratadas física y emocionalmente porque son consideradas ignorantes, brutas e incapaces, sacándoles en cara en muchas ocasiones que ellos son quienes las mantienen financieramente y su función debe ser la de sirvienta de la casa.

Esta mala influencia de la cultura por décadas ha marcado la vida de muchas mujeres, deteriorando sus imágenes originales y peor aún este concepto se introdujo dentro las iglesias evangélicas y desde los pulpitos las damas, las siervas del Señor fueron y todavía hoy en algunos lugares siguen siendo igualmente vejadas por predicadores machistas e ignorantes que desestiman su potencial; todo esto por confundir los términos bíblicos dejados en las Sagradas Escrituras y confundirlos con la cultura.

El enemigo de nuestras almas ha sabido utilizar muy bien la cultura y ha logrado que muchas mujeres a través de la historia hayan sido violadas y ultrajadas en su estima y valor por hombres y ministros del evangelio, así como otras religiones que han creído que la cultura tiene la razón y que ellas deben ser tratadas con menosprecio y sin valor alguno llegando a la violencia domestica y aún más el asesinato.

Con mi expresión clara y trasparente no quiero que malentiendas mi exposición, no estoy en contra de la realización de las labores de casa, yo lo vivo, lo predico y lo mantengo, nosotras somos multifuncionales: lavamos, planchamos, cocinamos, limpiamos, llevamos nuestros hijos a la escuela, a los deportes, atendemos al esposo, le cocinamos las mejores recetas, los cuidamos, vestimos y hasta peinamos y al final cargamos una botellita de agua como radiador de carro viejo para mantenernos hidratadas mientras realizamos las labores diarias como amas de casa; y no hay para mi mayor satisfacción que servirle a mi familia, lo hago con amor, pasión y entrega.

Lo que nunca estaré de acuerdo y defenderé con gran ímpetu, es que las mujeres no solo fuimos creadas multifunciones, nuestro creador nos formó con inteligencia, sabiduría, discernimiento, capacidades extraordinarias que nos hacen funcionales y efectivas, si no fuese así debemos pensar de donde han salido tantas mujeres extraordinariamente capaces para ejercer otras funciones y hasta llegar a ser presidentas de naciones; y es que el Dios creador nos hizo extravagantemente extraordinarias, recuerdas la mujer virtuosa, a Débora, Ester, Abigail, si revisamos las historias de cada una de estas mujeres, veremos brillar las extraordinarias capacidades expuestas en sus relatos que no solo se centraron en ser cuidadoras de casa.

Tú tienes ese mismo potencial de inteligencia, sabiduría, discernimiento y espiritualidad, basta solo con descubrirlos y te verás diferente, actuarás diferente y aprenderás a creer en ti misma y a caminar libre de de la influencia cultural.

La sociedad explota la imagen de la MUJER

Vivimos y somos parte de una sociedad indiscriminada, desorientada y confundida que ha querido medir y explotar el diseño con que fuimos creadas, desvirtuando el valor moral y espiritual del sello de la creación, mostrándola como un símbolo sexual.

La sociedad en la que vivimos fomenta a través de los medios de comunicación secular, que la MUJER debe ser vista solo como eso una figura de explotación y que lo único que tiene como valor son sus dotes físicos, nos venden la idea que valemos por nuestros cuerpos, que tu y yo valemos por lo que tenemos y no por lo que Dios dice en su palabra acerca de nosotras. Es debido a este bombardeo que muchas se miden por estas insinuaciones, desestimando el valor dado por el Padre Celestial a sus vidas, llevándolas a una preocupación extrema por lo estético más que por su belleza interna, explotando sus propios cuerpos; es por esto que bajo este enfoque de mentiras, la Palabra de Dios debe convertirse en un escudo de protección para nuestros corazones y no permitir que esta influencia externa penetre a nuestras mentes, en el libro de Proverbios 31:30 el proverbista nos dice que: "Engañosa es la gracia, y vana la hermosura; la mujer que teme a Jehová, esa será alabada" (RVR 1960).

Encuentro en muchos de nuestros países latinos el enfoque de explotar el valor y posición de la mujer, hoy cuando la cirugía estética es parte de la moda para deformar más que formar el cuerpo de la ellas, observo como el mejor regalo en el que piensan muchas madres para sus hijas quinceañeras es que estas niñas tengan cambios en sus cuerpos físicos a través de estos procedimientos, inyectándoles de una forma permisiva el veneno de una corriente vacía y enferma que prostituye sus imágenes como creación de Dios.

Encuentro igualmente mujeres dirigidas por la corriente a que se realicen cambios en sus cuerpos, con el supuesto propósito de ser más atractivas para sus esposos, a lo que yo le he llamado la influencia perversa del silicon, que ha llevado a gran parte de las que se hacen dichos procedimientos a la depresión, solo porque han querido llenar sus huecos vacios explotando sus propios cuerpos sin sentir ninguna satisfacción; porque todos tenemos un hueco emocional del tamaño de Dios donde solo es él quien lo puede llenar.

Cuando entendemos como mujeres el plan de Dios y el propósito por el cual hemos sido creadas, sabremos colocar también escudos de protección para resistir las insinuaciones de una sociedad alienante y explotadora que también hace mella en nuestros corazones.

El punto de equilibrio entre la cultura y la sociedad

Cuando reviso las escrituras en el libro de Proverbios 31:1, encuentro que Dios quiso resaltar el valor de su creación diciendo a través del proverbista: "Mujer virtuosa, ¿quién la hallará?, porque su estima sobrepasa largamente a la de las piedras preciosas." (RVR 1960), encuentro que Dios trae en este tiempo el punto de equilibrio entre la cultura y la sociedad, y coloca nuestro valor en una balanza bíblica ubicándonos como mujeres en una posición de exaltación y valoración; esta balanza no tiene medida falsa, su peso es exactamente el de la medida de una creación con excelencia, alta estima, con dotes extraordinarios, diseño sobrenatural, que nos colocan en una posición de gran valor; ¿quién lo otorga?, bueno aquel que nos creó y que luego, a pesar del pecado nos compró no con cosa corruptible como oro o plata, sino con la sangre preciosa de Jesucristo como dice la Biblia.

MUJER, así que quien eres no lo determina ni la cultura ni la sociedad, ni tus emociones quebrantadas, ni tu mundo interior desordenado, lo determina la identidad que tienes en tu creador.

Nuestra estima no tiene precio sobre esta tierra

En muchas ocasiones he podido escuchar que a la mujer se le compara con una piedra preciosa y nos dicen que somos un diamante, escucho expresiones como: eres oro en polvo, eres un brillante; cuando comencé a revisar lo que la Biblia dice acerca de nosotras, descubrí que nuestro valor no estaba determinado por ningún precio sobre esta tierra, nada ni nadie podrá poner valor tangible a nuestra estima. Recuerdo que antes del compromiso prenupcial de mi hija, tuve la oportunidad de acompañarla para ver los anillos de compromiso, Raquel nos llevó a la joyería a ver los brillantes preciados que se regalan para estas ocasiones, y no les puedo negar que quedé sorprendida al conocer el valor de estas hermosas prendas; algunas comenzaban desde un valor de miles de dólares, otras podían llegar al valor de millones de dólares, lo cierto y para lo que traigo esto a mi tema es que no habrá valor sobre esta tierra que se pueda comparar a la estima de la mujer.

Dice el sabio inspirado por el Espíritu Santo: "porque su estima sobrepasa largamente a la de las piedras preciosas". Así que cuando te digan que eres una perla preciosa, o eres un rubí, debes defender tu valor como creación, no eres ni te pareces a ninguna de ellas, porque tu valor en la tierra es incalculable. Y el reconocer nuestro calibre como mujeres, creadas para cumplir una función, un propósito: ayuda idónea, complemento, con talentos, habilidades, inteligencia, le otorgará un duro golpe a la depresión, la culpabilidad, la baja autoestima, y a la soledad, se podrá caminar verdaderamente en la libertad que nos otorga la identidad que tenemos en Cristo Jesús.

Personalmente disfruto de mi libertad como mujer, y es por esto que quiero dejarte estas líneas de mi libro para que tu también puedas disfrutar de la libertad de serlo, porque somos: creadas, escogidas, compradas y amadas por un padre amoroso que con amor eterno nos ha amado y promete llevarnos a la estatura del varón perfecto. Hoy por hoy quiero que se levanten mujeres fuertes que pongan en alto su posición como creación divina y que juntas levantemos a tantas mujeres que caminan sin esperanza diariamente y podamos sacarlas de las garras de la cultura mutiladora, de la sociedad explotadora y de los recuerdos tristes del pasado.

El caminar con identidad propia nos libera de tantos conceptos equivocados y nos permite vernos en una óptica totalmente diferente a la de estos monstruos.

Desde niña fui marcada de una manera negativa emocionalmente por la influencia de un padre machista, que debido a su formación cultural dejó marcas profundas en mi corazón y de mis hermanas, historia que les conté en mis primeros capítulos, con el propósito de descorrer una cortina de oscuridad que nos esclaviza emocionalmente y nos priva de gozar de los beneficios divinos de ser mujer y ser hijas.

Las marcas emocionales negativas que dejó mi padre me llevó en mi proceso de adultez a escaparme de la realidad, pero me sucedió lo peor y es que me fui al otro lado de la carretera; el de ser manipulada por un medio ambiente implacable que rige conductas y vende la idea de felicidad a través de los vicios y placeres del mundo, lo que me llevó a hundirme aún más en vacios emocionales por la carencia de pertenencia.

Cuando escribo estas líneas recuerdo a tantas mujeres que se han acercado a mi vida en la misma condición que yo viví, y eso me motiva a dejar líneas de esperanza para todas aquellas amigas enjauladas por no descubrir quienes son y hacia donde deben ir.

Después de revisar el plan perfecto de creación de la mujer, entraré en algunos capítulos que identifiquen las áreas quebrantadas que cercenan nuestra posición y se convierten en obstáculos para no disfrutar una vida plena, y no estoy hablando de vivir sin problemas, me refiero a que a pesar de las pruebas y batallas que podamos librar en nuestro caminar diario, podamos aprender a vivir libres de traumas emocionales que aún en oculto y silenciosamente han jugado un papel de importancia para anclarnos imperceptiblemente en el pasado y no nos permiten extendernos a los beneficios que las escrituras ofrecen.

Capítulo 5

MUCHO MÁS QUE UN ESPEJO

"Ahora vemos por ESPEJO, oscuramente; mas entonces veremos cara a cara. Ahora conozco en parte; pero entonces conoceré como fui conocido."
1 Corintios 13:12 (RVR 1960)

n las próximas líneas de este capítulo, descorreré *la cortina de otra verdad que necesita luz, verdad que mantiene a muchas MUJERES sumergidas en el fracaso y nos les permite salir a flote para poder nadar y llegar a esconderse en la roca que es más alta que ellas. Las Sagradas Escrituras tienen que convertirse en un espejo para nuestras vidas; así como necesitamos espejos para ver a través de ellos nuestros cuerpos y rostros y saber si estamos bien maquilladas, peinadas y presentadas, la Biblia debe ser ese espejo en que debemos ver reflejada nuestra alma y saber que tenemos la presentación correcta para transitar diariamente en el recorrido por la vida, y así estar bellas por dentro y por fuera.*

No podemos negar que la influencia de la sociedad confundida en la que vivimos nos da directrices acerca

de los estilos y modas actuales, nos informan sobre los últimos diseños, los colores para vestir de acuerdo a la época, el cuidado de la piel para no envejecer y vernos más atractivas, los cosméticos y marcas de la actualidad, en fin, los medios de comunicación social secular nos mantienen informadas e influenciadas a seguir sus corrientes, explotan indiscriminadamente la belleza externa; y no quiero que usted entienda mal mi apreciación, ya que como MUJER creo en el cuidado externo, en la atención y presentación personal que debemos tener como embajadoras de Jesucristo, creo en la belleza femenina y en la importancia de cuidar nuestro cuerpo; lo que no aprecio legítimo es el culto que estos medio quieren hacerle al cuerpo, incitándonos a cambios estéticos a través de las cirugías, promociones que se han realizado tan efectivamente que hoy muchas mujeres aún cristianas han caído en la trampa de la trasformación física con la influencia perversa del silicon, tema que traté en el capítulo anterior.

Mientras usted lee mis líneas se estará preguntando a donde quiero llegar; y es a una balanza justa que nos lleve no solo a preocuparnos por lo externo, sino que le demos mayor valor a nuestro mundo interior, a nuestra vida emocional, a lo interno, con lo cual nuestro creador también nos diseñó y que en el recorrer de la vida es golpeado por los grandes embates que asaltan nuestra embarcación.

Muchas mujeres han sido desenfocadas del propósito, porque las voces extrañas opacan la voz de la Palabra de Dios en sus corazones, dejando de preocuparse de embellecer su mundo interior, porque lo importante es el maquillaje externo que oculte la desesperanza de su corazón. Así caminan muchas mujeres hoy, que tienen apariencia de aceptación pero internamente no creen en sí mismas.

He conocido mujeres que han recurrido a cambios estéticos, cuidan en extremo sus apariencias, pero internamente se siguen sintiendo miserables y deprimidas sin encontrar la verdadera razón de sus derrotas emocionales. Los cambios externos no producen cambios internos, pero el mundo interior de una mujer si determina como ella se ve y se evalúa, y fija su relación con Dios, con los demás y consigo misma.

He visto a personas que tienen discapacidades físicas, más sin embargo a pesar de sus limitaciones en su cuerpo son personas que se sienten realizadas y manejan su vida con una óptica introspectiva saludable; así que la discapacidad más terrible y mortal no es la física sino la emocional, ya que nos mutila. Aunque una mujer sea bella físicamente si tiene discapacidad emocional al verse al espejo lo hará con los ojos del alma y su reflejo será de tristeza, menosprecio, inseguridad y baja autoestima.

De allí mi preocupación de ver cuanta importancia una mujer le da a la belleza externa y no cuida mantener ordenado su mundo interior, y este capítulo se trata de ver la enfermedad del bajo auto concepto pero también dejarles la medicina para superarlo.

A través de los años a nivel eclesiástico hemos dejado la idea en los corazones de muchos creyentes que el nuevo nacimiento resuelve de manera automática los conflictos y traumas emocionales; de manera personal considero en mi último análisis que este enfoque es errado, se ha conducido a muchos creyentes a aceptar a Jesús como su único y suficiente Salvador, pero en el recorrido como cristianos se les han dejado con sus quebrantos emocionales a cuesta en este viaje por la vida.

Es como la mujer que busca a través de los cambios y cuidados físicos salir de la depresión, sabemos que ella necesita ir más allá, llegar a la raíz de sus emociones y descubrir el problema que le produce depresión; bueno ciertamente alguien que recibe a Jesús en su corazón si muere en ese momento sabemos que le está garantizada la vida eterna, porque la conversión produce salvación inmediata, más no sanidad emocional instantánea, ya que en esta última los cambios se producen de manera progresiva.

No es extraño para nosotras observar la vida de hermanas que aman a Dios con todo su corazón, son piadosas porque se guardan en santidad para Dios, oran, tienen conocimiento de la Biblia, más sin embargo manifiestan heridas emocionales profundas y la visión de sí mismas es desvirtuada, se sienten salvas pero no creen en ellas y así mismo consideran en su interior que Dios las mira sin valor.

De allí la importancia de desintoxicar la codificación viciada que dice: no sirves, no puedes, no lo vas a lograr, eres una derrotada, buena para nada, y codificar un nuevo sistema de pensamientos ajustados al diseño divino que las saca del bajo auto concepto

No será posible desintoxicar en días ni en pocos años lo que hemos aprendido el 15, 30 o 40 años, cuando pasamos de muerte a vida entramos en un proceso de desintoxicación en nuestro ser que nos lleva a crear la imagen correcta de quienes somos.

Cuando pensamos en el cuidado de nuestra computadora, lo útil e importante que es para nosotros porque produce beneficios personales, en ocasiones la limpiamos, la decodificamos, le colocamos más memorias de las que ya tiene y hasta la protegemos con antivirus, así mismo debe ser con nuestras vidas, llegamos a los pies de Cristo Jesús para entrar en un proceso de decodificación de un sistema viciado, contaminado y pecaminoso que no nos permite avanzar; limpiamos el disco duro de nuestra mente, ponemos nuevas memorias para poner el depósito de Dios y le aplicamos el antivirus de la Palabra de Dios.

Hay tanto que borrar, tanta basura guardada en nuestro disco duro que necesitamos enviarla al cesto de basura, y reformatear con nuevas, buenas y ricas bendiciones el sistema de pensamientos viciado.

No hemos aprendido a atacar la raíz de los problemas, observamos que no avanzamos pero siempre nos quedamos en el mismo lugar; vemos que nuestra computadora esta lenta pero no le colocamos un limpiador. Así que necesitamos decidir echarle mano a nuestras emociones quebrantadas para darle estabilidad a nuestro mundo interior, porque la conversión produce salvación inmediata más no sanidad emocional instantánea.

Mi invitación es que siempre vayas más allá de lo superficial y hagas una revisión introspectiva para saber que hay dentro de ti y puedas descubrir con cuanto valor te estás apreciando y comiences a trabajar junto al Espíritu Santo y su palabra para llegar al valor que Dios te ha trazado como mujer, y así reconciliarte contigo misma para disfrutar de la bendición de ser creación especial de Dios.

Para seguir descorriendo esta verdad sobre el bajo auto concepto, quiero que me sigas en estas próximas líneas para introducirnos en los factores que influyen en una correcta o desvirtuada visión de sí misma; porque todas debemos comprender como se construye la visión que tenemos de de nosotras y así visualizar nuestra trayectoria y trabajar para lograr una imagen sana.

Mientras escribo estas líneas me pongo a meditar en la responsabilidad tan grande que tenemos como ministros del evangelio; en estas últimas décadas hemos tratado de vender un evangelio fácil, sin costo, ni esfuerzo, que ha llevado a muchos creyentes a vivir vidas tristes, derrotadas y sin fruto; se le ha ofrecido un paquete de bendiciones hasta con garantía de devolución en 30 días si no les funciona, triste pero real, y hemos perdido el enfoque de que estamos preparándonos para la eternidad, y que mientras vivamos sobre esta tierra, nuestra función es establecer el reino de Dios por medio del mensaje de salvación; pero, como podremos lograr todo esto con una alimentación no balanceada, como fortalecer nuestros músculos espirituales cuando nuestro alimento es comida chatarra, como caminaremos en una real libertad cuando no estamos dando en el blanco para atacar los microbios que intoxican nuestra alma, como descorreremos la cortina de verdades ocultas que mantienen a muchas personas en prisiones de oscuridad; las crisis nos tendrán que demandar a cada ministro del evangelio a hacer un alto y revisar genuinamente cuál es el norte, cuál es el enfoque; ya que la misión es única para todos, y es que el mundo conozca que Jesucristo es el Señor y él provee salvación y vida eterna para los que se acercan en arrepentimiento.

Sé que me desvié un poco del tema, pero solo quería dejar estas líneas de reflexión. En el próximo capítulo hablaré de los visitantes que llegan a nuestras vidas para sembrar semillas que germinan como árboles plantados, dejando en muchas ocasiones frutos amargos que se convierten en factores de influencia para moldear la silueta de cada personalidad, creando huecos en el vacío.

Capítulo 6

TU PRESENTE ES HIJO DE TU PASADO

Nuestro vínculo familiar marca
nuestro valor como personas

o cierto es que necesitamos la claridad de que hay un mundo exterior que marca identidad, y cuando Dios pensó en traer una ayuda a la vida de Adán lo hizo con el propósito de traer no solo relación sino también protección a la vida humana a través de la primera institución creada por él allí en el huerto.*

Con la unión de Adán y Eva, Dios quiso hacer provisión de cuidado y protección dentro del vínculo matrimonial para así dar cobertura y cuidado no solo física sino también emocional entre sí, al igual que a su descendencia.

El vínculo familiar es el primer punto de contacto emocional que tiene un individuo desde que está en el vientre de la madre, así que un niño puede percibir rechazo o aceptación de sus padres y con estos aprecios o desprecios ir formando una imagen de sí buena o mala.

Dios constituye el hogar como un lugar de interacción, es el lugar de refugio y formación del carácter donde se supone deben desarrollarse sanamente las emociones de una persona, y utiliza este primer vínculo determinante para luego hacer un enlace entre el niño y la sociedad. Así que el primer vínculo de formación emocional es la familia, de allí la importancia de los ordenes divinos para preservarla.

La unión entre un hombre y una mujer en el plano divino va más allá de simple capricho o deseo o solo suplir una necesidad física; el fin es dar protección, provisión y cuidado emocional los unos con los otros dentro del plano de la intimidad del hogar. Era tan serio y determinante el plan para el hombre, que a través de las escrituras observamos a Dios rechazando el divorcio, el adulterio y dejando claro que la unión en este pacto debe ser hasta que la muerte les separe.

Nos preguntaríamos ¿a que se debe que Dios condene estas prácticas?, bueno, el fin de un Padre amoroso era y sigue siendo el de dar protección espiritual, emocional y física a cada miembro de la familia, ya que estas prácticas dejan huellas imborrables.

Nuestro vínculo social deja huellas en el YO

Luego del proceso de adaptación de un niño en sus primeros años de vida, es enlazado con el vínculo social a través de la formación educacional donde se inicia un nuevo nivel de aprendizaje y socialización, y son los educadores que pasan en un segundo plano a ser una influencia intelectual, educativa y sobre todo son una fuente de influencia emocional a través de acciones y palabras que dejan recuerdos.

Cuando hablo de ellos tal vez usted estará recordando algunos de sus maestros que a pesar de los años quedan en el pensamiento recordando sus acciones, algunas positivas otras negativas; yo personalmente guardo el recuerdo de una mujer extraordinaria, era mi maestra de cuarto grado que con su dulzura y ejemplo y calidad como persona dejó una buena e imborrable huella en mi corazón hasta el día de hoy; de igual manera guardo el recuerdo de una profesora de química que con sus acciones y palabras nos trataba como jóvenes de segunda categoría y nos dejaba saber el bajo concepto que tenía del grupo de estudiantes, proyectaba para muchos de mis compañeros incluyendo mi persona el fracaso en nuestras vidas; hoy cuando escribo estas líneas no puedo negar que muchas veces sus palabras nos humillaban y nos hacían sentir langostas.

Pero no solo en el círculo escolar tenemos la influencia de maestros y profesores que dejan marcas en nuestra imagen, también la socialización con los compañeros de escuela marcan nuestro corazón. Hoy vemos las agresiones que sufren muchos niños y jóvenes por parte de ofensores que se sienten fuertes, guapos y apoyados que incitan la violencia a través de palabras y amenazas.

En mis años escolares no se hablaba de bullyíng llamado así en ingles, a lo que traducimos como hostigamiento escolar, montaje escolar o en otras palabras maltrato escolar psicológico; lo cierto es que en medio de la sociedad agresiva en la que transitamos observamos un alto índice de este tipo de abusos por parte de victimarios que simplemente se han formado en hogares donde ellos mismos son desplazados, agredidos, maltratados y rechazados por su entorno familiar, ocasionando en sus emociones quebrantamientos que desencadenan en baja autoestima y que luego llegan a sus círculos escolares a facturar tales maltratos a compañeros que reflejan conductas retraídas e introvertidas y los consideran un buen blanco para el ataque y cobro de factura, lo que se convierte en una cadena de eventos que también golpea la estima de la víctima y que en muchas ocasiones termina en suicidio.

Pero se une a este círculo de invasores de las emociones los ataques cibernéticos que están de moda entre nuestros jóvenes, donde exponen sus vidas intimas y pasan a ser burla y humillación de su entorno social por no cuidar su privacidad personal en las redes sociales y por no haber padres vigilantes, guías y protectores de sus hijos.

Encontramos en nuestras ciudades, dolorosas noticias de adolescentes que caen sumergidas en las drogas por el acoso, y muchas terminan quitándose la vida por no poder superar la vergüenza de ser expuestos sus cuerpos desnudos o en prácticas sexuales grabadas para luego ser colocadas en las redes sociales.

Nuestro vínculo social juega un papel importante como influencia en nuestra estima. Todos estos vacios que va dejando la vida si no aprendemos a descubrirlos y trabajarlos de la manera correcta será una sombra en el caminar de muchas jóvenes y mujeres adultas que las llevará a hundirse y descalificarse como personas.

El mundo interior procesa y forma imágenes

Observamos las dos fuentes de influencia para desarrollar nuestra imagen como individuos, ahora quiero que miremos de una manera introspectiva ya que nuestro YO tiene un conjunto de componentes que nos hacen ser individuos únicos, y es de allí que Dios, es un Dios personal, él trata con cada quien de una manera diferente y especial, a todos no nos da la misma medicina, ni de la misma forma, porque el creador conoce perfectamente nuestra composición, sabe lo que tenemos, somos, y conoce lo que adolecemos y nos ministra de una forma intima y muy personal. Es allí en nuestro mundo interior donde formamos de manera positiva o negativa las imágenes recibidas del mundo exterior, es el lugar donde no llega la pastilla ni el bisturí, pero si es el lugar secreto donde el Espíritu Santo llega y penetra a realizar intervenciones quirúrgicas espirituales para extirpar los tumores cancerígenos emocionales que se comen nuestra alma, cuerpo y espíritu.

En nuestro mundo interior se almacena toda la información sea buena o mala, sea por palabras o acciones de los acontecimientos en el proceso de crecimiento, vamos almacenando en el disco duro esta influencia externa que marca nuestro ser para bien o para mal, de allí la importancia de reformatear este disco duro con los principios de la Palabra de Dios; en otras palabras al pasar de muerte a vida debes entrar en el proceso de cambiar tu manera de pensar para cambiar tu manera de vivir. La nueva vida en Cristo nos permite un nuevo estilo en todas las áreas y eso incluye la emocional, por eso se habla en la Biblia que el evangelio son buenas nuevas de salvación, son noticias buenas y nuevas, y el Apóstol Pablo nos hace la exhortación: "Y no se adapten (no se conformen) a este mundo, transfórmense mediante la renovación de su mente, para que verifiquen cuál es la voluntad de Dios: lo que es bueno y aceptable (agradable) y perfecto." Romanos 12:2 (NBLH).

El enemigo de nuestras almas
"Sed sobrios, y velad; porque vuestro
adversario el diablo, como león rugiente, anda
alrededor buscando a quien devorar"
1 Pedro 5:8 (RVR 1960)

En el recorrido por la vida siempre encontraremos malas influencias para formar una imagen débil y raquítica de nosotras, pero el peor enemigo es nuestro acusador; la Biblia dice que él es mentiroso y padre de toda mentira, no podemos negar que Satanás el enemigo de nuestra alma es todo un estratega sutil y mentiroso que utiliza sus armas para destruir la imagen de Dios en nosotras, y su blanco de ataque es nuestra mente, utilizando los recuerdos para debilitarnos, quebrantarnos

*y logar desestabilizar nuestro mundo interior.
Sigilosamente usa las imágenes negativas apostadas en
el sistema de pensamientos para descalificarnos, creando
proyecciones pobres y miserables de nosotras y en muchas
ocasiones si estamos vulnerables a los ataques nos enjaula
emocionalmente y puede aún llevarnos al cautiverio.*

*Lo importante de este hecho y estando claras que quedan
las marcas del pasado, es no atender a la voz del enemigo,
internalizar en el corazón que él siempre será un mentiroso
y nunca dejará de serlo y su único fin es desvirtuar la imagen
correcta que nuestro Padre Celestial nos ha regalado.*

*Cuando descorremos las cortinas de oscuridad que
satanás nos tiende para infectar nuestra imagen y
descubrimos su maldad, podremos aprender a enfrentar
sus ataques con las armas espirituales que el Señor ha
dejado para pelear, el Apóstol Pablo nos dice: "Porque las
armas de nuestra milicia no son carnales, sino poderosas
en Dios para la destrucción de fortalezas, derribando
argumentos y toda altivez que se levanta contra el
conocimiento de Dios, y llevando todo pensamiento cautivo
a la obediencia a Cristo," 2 Corintios 10:4-5 (RVR 1960).*

*Tenemos la autoridad en Cristo Jesús y su palabra
para derrotar las mentiras de nuestro adversario el
diablo utilizando las poderosas armas dejadas por él,
te preguntarás ¿cuáles?, te respondo de forma sencilla:
la oración, el conocimiento de las Sagradas Escrituras,
el ayuno; estas siguen siendo y serán siempre armas
poderosas para destruir las artimañas del diablo. Fíjate
que no son armas humanas, no es con nuestra propia
fuerza ni con nuestra inteligencia, son armas espirituales
para atacar los problemas espirituales y emocionales y tal
es su poder que destruyen todas aquellas paredes que a
través del tiempo se van levantando, que tu no las ves pero
se convierten en murallas en el corazón endureciéndolo
de tal forma que no creas en ti como preciosa y amada*

creación por Dios; así que las fortalezas de baja auto estima se tienen que derribar, y se destruyen también razonamientos que se levantan para justificar una acción en tu mente y corazón que te dicen que no tienes valor, que no sirves, que no vas a poder lograr tu planes y metas, que eres una fracasada y nunca podrás ser una mujer completa; los pensamientos y el mundo interior que esta desorbitado comienza a ordenarse cuando estos son llevados cautivos, son arrestados, forzados y puestos a la orden de Cristo Jesús para que se sometan a la obediencia de él.

En este recorrido puedes entender que el simple hecho de aceptar a Jesús como tu salvador no es suficiente para la sanidad emocional, ciertamente obtienes la salvación inmediata más no la sanidad emocional instantánea. Trabajar la sanidad emocional debe ser un norte para nuestras vidas para poder disfrutar de la plenitud en Cristo. No es cuanto conocemos o predicamos es cuanto aplicamos a nuestro diario vivir.

Las fuentes de influencia para deteriorar la imagen de una mujer son reales, pero por encima de todas ellas el ser creadas a su imagen y ser hijas nos da la potestad de tomar la herencia de la imagen correcta.

En el próximo capítulo revisaremos el complejo de LANGOSTA de 12 príncipes que tenían una misión, y te dejaré algo de antibiótico para contrarrestar el virus de una imagen pobre. Te invito a que me acompañes.

Capítulo 7

¿LANGOSTA YO O VENCEDORA DE GIGANTES?

"También vimos allí gigantes, hijos de Anac, raza de los gigantes, y éramos nosotros, a nuestro parecer, como LANGOSTAS; y así les parecíamos a ellos."
Números 13:33 (RVR 1960)

El nos hizo y no nosotros, así que estamos hechas a la imagen del creador, y la correcta imagen debe provenir de él; aunque sabemos que esa imagen ha sido deteriorada por la entrada del pecado al hombre por herencia adámica, entendamos que somos restauradas en el sacrificio perfecto hecho en la cruz del calvario, la entrega de Jesús fue no solo para vida eterna, esta incluye nuestra sanidad física así como la emocional. El profeta Isaías así lo declaró y de la misma forma fue palabra cumplida, el dice: "Ciertamente llevó él nuestras enfermedades, y sufrió nuestros dolores; y nosotros le tuvimos por azotado, por herido de Dios y abatido. Mas él herido fue por nuestras rebeliones, molido por nuestros pecados; el castigo de nuestra paz fue sobre él, y por su llega fuimos nosotros curados." Isaías 53:4-5 (RVR 1960). La profecía se hizo efectiva para restaurar en nosotras todo lo que habíamos perdido por causa la transgresión, tu imagen deteriorada por los embates de la vida, Dios quiere restaurarla para que transites en un recorrido de gozo y paz.

Es hora de decidir por qué caminos transitar: el de la plena libertad que ofrece Cristo Jesús o seguir el recorrido de derrota y miseria, sintiéndote que como mujer no tienes que ofrecer a tus seres amados, a ti misma y a Dios.

Esta condición lleva a muchas mujeres a las adicciones de fármacos, drogas, alcohol, muchas se hunden en profunda depresión pero otras llegan a la terrible decisión del suicidio, y ese nunca fue el plan divino para ninguna MUJER sobre esta tierra. Ese si es el objetivo de Satanás, la Biblia dice: "El ladrón no viene sino para hurtar y matar y destruir; yo he venido para que tengan vida, y para que la tengan en abundancia." Juan 10:10 (RVR 1960). No permitas que el enemigo de tu alma te robe la paz, el gozo, debilite tus fuerzas y te mutile.

Si mantienes esta posición de pobreza interior paralizas tu potencial y la vision del verdadero plan, abortando la misión trazada por el Padre amoroso.

Soy imagen de Dios, no langosta

La historia de los doce espías en el libro de Números capítulo 13 en adelante es la clara realidad de que a pesar de la posición que Dios nos regala, la influencia de la creencia es un potencial para elevarnos o descalificarnos, juegan un papel significativo para fijar una imagen en nuestro ser; cuando entro en el relato de esta misión de estos doce hombres a los que se les había asignado una tarea, observo que tenían una distinción llamada PRINCIPES.

Si recuerdan Dios había sacado al pueblo de Egipto y les había prometido libertarlos del yugo de los egipcios y la promesa era entregarles una tierra que fluía leche y miel; salieron de las tierras de esclavitud, recorrieron el desierto y llega el momento de la entrega. En mi apreciación personal llego a pensar que el dueño del cielo y de la tierra les hace un pequeño test, los examina a ver cuánto han crecido en su recorrido de fe, y cuanto han asimilado las promesas de que Jehová Dios quien los sacó de Egipto los introduciría en dicha tierra de bendición. Y el Señor y Rey de gloria lo que promete lo cumple.

Dios le habla a Moisés ordenándole que envíe a estos hombres a que reconozcan la tierra de Canaán diciendo: "Y Jehová hablo a Moisés, diciendo: Envía tu hombres que reconozcan la tierra de Canaán, la cual yo doy a los hijos de Israel; de cada tribu de sus padres enviaréis un varón, cada uno príncipe entre ellos." Números 13:1-2 (RVR 1960); si observamos en la historia, los doce que tienen la encomienda de reconocer la tierra habían sido designados como príncipes de cada tribu (capítulo 1 de Números), los siguientes versos del capítulo 13 dicen que así mismo cumplió Moisés la orden de enviar a los específicamente asignados, dice el verso 3 "Y Moisés los envió desde el desierto de Parán, conforme a la palabra de Jehová; y todos aquellos varones eran príncipes de los hijos de Israel." (RVR 1960). La orden era realizar una exhaustiva inspección: como es la tierra, observar a sus habitantes, si eran fuertes o débiles, si eran pocos o muchos, si era buena o mala (no cree usted que Dios sabía todas esas cosas); pero ellos llegaron y reconocieron la tierra, luego de la inspección regresaron delante de Moisés y de Aarón y delante de toda la congregación del pueblo; la pregunta ¿quiénes llegaron? bueno, los príncipes asignados y entregaron la información a los presentes diciendo: "Y les contaron, diciendo: Nosotros llegamos a la tierra a la cual nos enviaste, la que ciertamente fluye leche y miel; y este es el fruto de ella. Mas el pueblo que habita aquella tierra es fuerte, y las ciudades muy grandes y fortificadas; y también vimos allí a los hijos de Anac. Amalec habita el Neguev, y el heteo, el jebuseo y el amorreo habitan en el monte, y el cananeo habita junto al mar, y a la ribera del Jordán." Números 13: 27- 29 (RVR 1960). Los príncipes determinaron con su visión negativa y temerosa que habían visto que ciertamente la tierra fluía leche y miel pero el pueblo que encontraron era fuerte y sus habitantes como el heteo, jebuseo y todos los feos, serían un obstáculo para poder conquistar la tierra prometida, declarando que este pueblo era más fuerte que ellos, era tan negativo el reporte, que Caleb de quien dice la escritura era de otro espíritu tuvo que levantarse: "Entonces Caleb hizo callar al pueblo delante de Moisés, y dijo: Subamos luego, y tomemos posesión de ella; porque más podremos nosotros que ellos." Números 13:30 (RVR 1960).

Caleb con esta intervención demuestra ante todo, el calibre de personalidad que tenía, estaba claro de quien era a pesar de haber salido de la tierra de esclavitud, era diferente y veía las cosas diferente; este hombre estaba claro de quien le había llamado, lo que le habían prometido y la posición que tenía: era un PRINCIPE, así que no desestimó su potencial a pesar de ver a un pueblo fuerte; y eso es lo que sucede con las personas que han creído en quienes son y hacia dónde van, se mantienen firmes a pesar de las circunstancias, no viven ancladas en el pasado de esclavitud sino que se remontan por encima de los obstáculos para lograr los objetivos y arrebatarle al enemigo lo que les pertenece.

Así que la mayoría no siempre tiene la razón, de los doce habían dos que creyeron que podían, que sabían la identidad que tenían y lo que representaban, dos con una visión diferente de los acontecimientos. Las voces extrañas no pudieron apagar el fuego de saber quienes eran; y esa claridad de identidad propia entregada por Dios es un pasaporte para la conquista, es un pasaporte para extenderse a lo que él tiene por delante para nuestras vidas.

Josué y Caleb no abortaron la misión, ni su potencial y visión se paralizó por lo que sus ojos experimentaron en aquel lugar, lo que los llevó a la victoria y conquistar la tierra prometida. Pero quiero descorrer la cortina un poquito más y observemos el lenguaje y visión de lo que el resto de los príncipes experimentaron: "Y hablaron mal entre los hijos de Israel, de la tierra que habían reconocido, diciendo: La tierra por donde pasamos para reconocerla, es tierra que traga a sus moradores; y todo el pueblo que vimos en medio de ella son hombres de grande estatura. También vimos allí gigantes, hijos de Anac, raza de los gigantes, y éramos nosotros, a nuestro parecer, como langostas; y así les parecíamos a ellos." Números 13:32-33 (RVR 1960); los diez príncipes restantes se sintieron minimizados ante los moradores del lugar, observe que tenían las promesas de Jehová, habían salido de la tierra de esclavitud, experimentaron la mano benéfica de Dios sobre sus vida en el desierto, son asignados con un rango de importancia, ven que la tierra verdaderamente fluye leche y miel, ratificando la entrega divina, y con todo a su favor se sienten menos que el otro pueblo; no crees tú que es un cuadro repetitivo en muchas personas sobre todo en el sexo femenino, que a pesar de conocer a Cristo como su salvador, de tener estabilidad económica, buenos esposos, hijos saludables, hogares formados, con buenos empleos, siempre se miran a sí mismas derrotadas, desesperanzadas, todo a su alrededor para sí es negativo y oscuro y caminan con el peso del fracaso a pesar de las abundancia que ofrece el Padre; bueno la condición la produce un mundo interior quebrantado que le resta valor a lo que Dios promete y a lo que verdaderamente somos.

Dios ofrece una vida de libertad, pero se quiere seguir viviendo en esclavitud emocional, eso le sucedió a estos PRINCIPES, decían que la tierra tragaba moradores, que los habitantes eran muchos más altos que ellos, su informe era que habían gigantes y observe la expresión: "...éramos NOSOTROS a nuestro parecer, como LANGOSTAS..." ¿Quiénes? los PRINCIPES; wao, mi Dios!! no recuerdo otro pasaje de la Biblia que relate una historia que refleje la condición de miseria emocional de un individuo; ellos de príncipes pasaron a ser langostas, y el reflejo de cómo se veían los llevó a concluir que así los veían a ellos los habitantes del pueblo: "...y así les parecíamos a ellos".

En mi análisis personal me pregunto como ellos pudieron haber llegado a esa conclusión, la Biblia no relata que ellos establecieron una conversación con esos pobladores para clasificarlos de esa manera, tal vez pensaron que la estatura de estos gigantes los hizo creer que eran langostas, pero definitivo no se que estarían pensando para decir tales expresiones como: "nos vemos como langostas" "...le perecemos a ellos langostas".

Oh mi Dios, que influencia tan fuerte tiene nuestra imagen de sí, así como te ves, así te definirás, es tan fuerte la influencia de la creencia que controla nuestras vidas y decisiones, llegamos a un punto de aferrarnos a lo que éramos en el pasado, que queremos vivir ancladas; y en el caminar damos un paso adelante y tres hacia atrás.

Los PRINCIPES y el pueblo preferían volver a la tierra de esclavitud que enfrentarse a los gigantes, derrotarlos y poseer la tierra que fluía leche y miel, no les parece mis amigas que hoy se repite la misma historia, nos negamos muchas veces las bendiciones que son regalos del cielo porque sentimos que no los merecemos, que no somos dignas de la gracia y el favor de un Padre amoroso. Hay un aptitud de negación interna de conquista producto de una imagen deteriorada y siempre viendo gigantes por doquier.

Era tal la frustración que se sintieron impotentes, humillados e inservibles y lloraron por tal reporte negativo, dice: "Entonces toda la congregación gritó, y dio voces; y el pueblo lloró aquella noche. Y se quejaron contra Moisés y contra Aarón todos los hijos de Israel; y les dijo toda la multitud! : Ojalá muriéramos en la tierra de Egipto; o en este desierto ojalá muriéramos!" Números 14:1-2 (RVR 1960).

Quiero finalizar esta parte dejándoles el resultado de una imagen mediocre y deteriorada, y es que la ignorancia y necedad, Dios no la pasa por alto, la historia cuenta que Jehová decide castigar al pueblo a causa de sus acciones, desobediencia, falta de fe y conducta; y por favor no me malentienda, no quiero decir que ahora por tales condiciones caerá juicio del cielo, claro que no, a lo que me quiero referir es a la apreciación de un Dios que nos da identidad y promesas y desea nuestro bienestar.

A pesar de la intercesión del líder Moisés Dios le dice: "Entonces Jehová dijo: Yo lo he perdonado conforme a tu dicho. Mas tan ciertamente como vivo yo, y mi gloria llena toda la tierra, todos los que vieron mi gloria y mis señales que he hecho en Egipto y en el desierto, y me han tentado ya diez veces, y no han oído mi voz, no verán la tierra de la cual juré a sus padres; no, ninguno de los que me han irritado la verá. Pero a mi siervo Caleb, <u>por cuanto hubo en él otro espíritu,</u> y decidió ir en pos de mí, yo le meteré en la tierra donde entró, y su descendencia la tendrá en posesión." Números 14: 20-24 (RVR 1960), los dos PRINCIPES que atendieron al llamado tomaron la firme decisión de creer en lo que Dios había determinado que eran y creer en lo que les había prometido, tenían una visión diferente del resto.

Hoy que tu lees estas líneas tienes que determinarte a ser diferente, a marcar la pauta y decir: antes yo era, así yo me veía, ahora me determino a dar el paso de libertad que me lleve a cambiar la óptica y el lenguaje por uno ajustado a la Palabra de Dios: soy imagen de Dios, hija, coheredera de la gracia, embajadora, linaje escogido, real sacerdocio, nación santa, pueblo adquirido por Dios, y esa imagen real te hará conquistadora.

Josué y Caleb lograron cumplir la misión y obtener la promesa y pudieron entrar a la tierra prometida, para finalizar dice: "los varones que Moisés envió a reconocer la tierra, y que al volver habían hecho murmurar contra él a toda congregación, desacreditando aquel país, aquellos varones que habían hablado mal de la tierra, murieron de plaga delante de Jehová. Pero Josué hijo de Nun y Caleb hijo de Jefone quedaron con vida, de entre aquellos hombres que habían ido a reconocer la tierra" Números 14:36-38 (RVR 1960), mejor decisión la que tomaron Josué y Caleb, ellos se diferenciaban del resto, eran de otro espíritu, ¿como lo lograron?, bueno le creyeron al que les creó a su imagen, estaban seguros que tenían los genes divinos y sus miradas estaban puestas en el Rey y Señor de sus vidas. ¿Quieres conquistar?, atrévete a cambiar.

Capítulo 8

LA VASIJA ROTA EN LA MANO DEL ALFARERO

"Y la vasija de barro que él hacía se echó a perder en su mano; y volvió y la hizo otra vasija, según le pareció mejor hacerla."
Jeremías 18:4 (RVR 1960)

La imagen deficiente quebranta relaciones

Así como nos vemos también pensamos que Dios nos ve y consideramos en nuestro corazón que no somos merecedoras de su amor, gracia y bendición, llegando a pensar que no merecemos su perdón y se duda hasta de la salvación.

Nos distancia de nosotras mismas

Se pierde la confianza en sí, no se avanza en los planes trazados, no se disfruta de paz interior, sintiendo el peso interior de ser menos que los demás, desencadenando un peso interior de resentimiento, amargura y rechazo por lo que somos.

Quebranta las relaciones en nuestro círculo social

se manifiestan comportamientos de críticas negativas contra otras personas, se adoptan lenguajes negativos y las conversaciones con otros deja ver en ocasiones el pozo séptico que una mujer desvalorada tiene en su interior, manifiesta inseguridad, celos y envidias, comportamientos que resquebrajan cualquier relación, porque nadie desea caminar con personas negativas, así que las barreras se levantan y paralizan relaciones saludables.

Tomemos la medicina

Hemos hablado de esta profunda enfermedad que envenena el alma, pero en estas próximas líneas de este capítulo quiero dejarte la medicina para tal quebranto. Me gusta saber que Dios siempre está disponible para ayudarnos y nos da las herramientas para sacarnos del pozo de la desesperación y restaurar en cada mujer la imagen que ha sido deteriorada a través del tiempo y poder caminar con libertad.

Reconocer que hay una enfermedad

"Abatida hasta el polvo está mi alma;..."
Salmos 119:25 (RVR 1960)

El primer paso que cada mujer debe dar es reconocer la enfermedad y decidir entrar en el camino de la reconciliación consigo misma, con Dios y con los demás y saber que él quiere ayudarte en esa decisión.

Cuán importante es reconocer la raíz del problema: ¿por qué?, ¿cuándo?, ¿quién me maltrato con palabras o acciones y produjo heridas?

Recuerda que no traemos a cuenta los recuerdos del ayer para quedarnos postradas, lo que necesitamos hacer es un inventario, reconocerlos para enfrentarlos y superarlos.

La Biblia cambia nuestra forma de pensar

"No os conforméis a este siglo, sino transformaos por medio de la renovación de vuestro entendimiento, para que comprobéis cuál sea la buena voluntad de Dios, agradable y perfecta."
Romanos 12:2 (RVR 1960)

El segundo paso será reconocer lo que la Biblia dice y las promesas que nos deja para avanzar y superar los huecos emocionales, ellas te ayudarán a decodificar esos sistemas de pensamientos viciados; eliminas conceptos equivocados y contaminados que enferman tu conducta y tomarás el recurso de las escrituras para colocar un nuevo sistema de pensamientos en línea con sus demandas y promesas.

Es importante recordar que no se puede desintoxicar un sistema de pensamientos viciados de tantos años en pocos días, es un proceso que se debe trabajar, son malas conductas, traumas, huellas, heridas, que se arraigan con raíces profundas pero no imposibles de arrancar; pero las Sagradas Escrituras son un recurso poderoso para la sanidad del alma, el salmista lo experimento y lo pudo declarar: "El sana a los quebrantados de corazón, Y venda sus heridas." Salmo 147:3 (RVR 1960).

Identificamos los conceptos de sí como: no sirvo, no puedo, soy buena para nada, soy la gerente de los asuntos sin importancia, soy mala esposa, mala madre, estoy fracasada, imágenes con los que llegamos a auto calificarnos, después de identificarlos, se reformatea el disco duro sustituyéndolos por las verdades divinas, a través de la renovación de la mente.

Aceptar la identidad en Cristo Jesus

"Más vosotros sois linaje escogido, real sacerdocio, nación santa, pueblo adquirido por Dios,..."
1 Pedro 2:9 (RVR 1960)

El tercer paso es reconocer y aceptar identidad en Cristo Jesús, la Biblia dice: "De modo que si alguno está en Cristo, nueva criatura es; las cosas viejas pasaron; he aquí todas son hechas nuevas." 2 Corintios 5:17 (RVR 1960).

Es importante entender que en Cristo somos una nueva criatura, así que el maletero viejo que traemos de un largo viaje ya no nos pertenece y hay que desecharlo, eliminarlo, porque en él las cosas pasadas tienen que quedar en el pasado, y exactamente al pasado se le llama de esa manera pasado, porque pasó, ya no es más, ya no existe, ya no tiene validez en nuestras vidas, solo mantendrá vigencia mientras lo mantengamos vivo en el recuerdo.

Ahora el Padre Celestial quiere hacer todas las cosas nuevas, nuevas, nuevas; una nueva identidad, una nueva imagen, una nueva presentación de quienes somos y lo que podemos lograr en él, es restituido el equilibrio emocional, no de una forma instantánea, pero sí de manera progresiva, así que se restaura la identidad: "Mas vosotros sois linaje escogido, real sacerdocio, nación santa, pueblo adquirido por Dios, para que anunciéis las virtudes de aquel que os llamó de las tinieblas a su luz admirable" 1 Pedro 2:9 (RVR 1960), esa palabra nos da identidad propia, así como cada persona tiene una huella digital única, así como cada una personalmente tiene un número de identificación único, un carnet que nos identifica con nombre y apellido, de la misma forma somos únicas, no hay fotocopia, no hay clon, no hay dos iguales, todas tenemos identidad propia en Cristo Jesús.

Somos linaje escogido, mujeres creadas, compradas y separadas por un Padre amoroso; somos real sacerdocio, separadas para servirle, para ministrar y ser portadoras de buenas nuevas, embajadoras de Jesucristo para establecer el reino de Dios sobre esta tierra; somos nación santa, ahora caminamos y vivimos en santidad para él, hablamos diferente, actuamos diferente, caminamos por esta tierra diferente y tomamos decisiones de forma diferente, siempre dirigidas por su sabiduría; pueblo adquirido por Dios, compradas con la sangre preciosa de Jesucristo; que mas quieren mis amadas amigas y hermanas: eso somos.

El recurso de la oración es eficaz

"Acerquémonos, pues, confiadamente al trono de la gracia, para alcanzar misericordia y hallar gracia para el oportuno socorro."
Hebreos 4:16 (RVR 1960)

El cuarto paso debe ser tomar el recurso de la oración, para permitirle al Espíritu Santo trabajar en tu interior, él quiere llevarte al quirófano divino para hacer las reparaciones necesarias. Una MUJER sola no lo podrá lograr, solo el cirujano por excelencia podrá hacer los cambios de imagen que tu vida necesita..

Estoy segura que muchas mujeres verán innecesarias estas observaciones en su vida debido a que este no es su problema y lo verá como insignificante, pero también *estoy segura que hay una gran cantidad de ellas, quebrantadas en su personalidad por las huellas que ha dejado el pasado en su interior, de allí la importancia de tener la valentía de enfrentar una verdad para trabajar en ella y comenzar a transitar por la ruta de la libertad.*

En el proceso de sanidad habrán momentos de dolor producto de los recuerdos, y es debido a eso que no queremos despertar ese león rugiente, sabemos que al tocar una herida en alguna parte de nuestro cuerpo en ocasiones produce mucho dolor; de la misma forma sucede cuando abrimos las heridas en el alma, estas producen profundo dolor, pero alguien dijo que es mejor aunque difícil despertar al león rugiente y hacer que no ruja mas, que el que siga rugiendo y nos siga molestando; es mejor sentir el gran ardor en la herida en un proceso donde el alcohol o agua oxigena nos limpia, que seguir infectados y con la herida abierta por no hacer el procedimiento oportuno.

Es muy triste llegar al final de los días con el mismo recuerdo triste de los acontecimientos pasados porque no se tuvo la firme decisión de permitir al médico por excelencia realizar la cirugía necesaria. Actuar con madurez espiritual es saber que debemos dar pasos determinantes para soltar el equipaje de recuerdos tristes que marcaron una estima negativa.

Capítulo 9

AMADA,
PERO ME SIENTO RECHADA

uantas MUJERES hoy son amadas por sus seres
preciados, mas sin embargo en lo profundo de sus
corazones se sienten rechazadas, sienten en sus
vidas que no encajan en sus círculos familiares y amistosos,
y perciben en su interior que no son aptas para tener
relaciones saludables porque consideran en su óptica que
son despreciadas y menospreciadas.

En la mayoría de los casos estas mujeres viven con
una visión errada de la realidad ya que sus conclusiones
son emitidas desde las grietas que han dejado las marcas
negativas en su vasija a través del tiempo, asumiendo que
su entorno la mira con el mismo lente con el que ellas se
ven: el lente del rechazo.

En el curso bíblico para mujeres: "La MUJER y sus
emociones" escrito por Gloria Richards, encontré una
historia interesante hablando sobre este tema, ella relata
que cuando predicaba y enseñaba la palabra de Dios
en Chihuahua, Méjico en una bodega fea y abandonada

encontraron una telaraña grande, ella dice: "sin pensarlo mucho, quitamos la telaraña, sacamos el polvo de las bancas de madera y continuamos con nuestra reunión, días después volvimos a la bodega y encontramos en el mismo lugar otra telaraña, lo que sucedió en varias ocasiones; se nos ocurrió pensar que el problema no era la telaraña sino la araña" relata Gloria, historia que me parece interesante para este capítulo.

Desde el momento de gestación y nacimiento pasando por el proceso de crecimiento hasta que morimos, comenzamos a formar, desarrollar y expresar un conjunto de virtudes, capacidades y formamos como individuos un conjunto de rasgos que nos hacen únicos; pero así mismo formamos en nuestro mundo interior una serie de componentes negativos por herencia o por adopción que impactan nuestras emociones y se convierten en nuestros acompañantes en el viaje por la vida, en otras palabras es ese equipaje con el que transitamos este recorrido, hasta que decidimos abandonarlo.

Así que nos convertimos en mujeres con dones, talentos, habilidades, capacidades y funciones que nos hace un ser funcional, pero así mismo en lo profundo de la cede de nuestro corazón atesoramos de forma voluntaria o involuntaria una serie de eventos negativos que nos convierte en MUJER con necesidades y carencias emocionales que en muchos casos anula el potencial de la mujer funcional.

Lo cierto de esta verdad es que dentro del marco de lo positivo que son esas capacidades y de lo negativo que son nuestras carencias, Dios siempre se ha interesado en darnos el regalo de las virtudes y se ha ocupado por cubrir y suplir nuestras carencias; y es por ese amor profundo, eterno e infinito, que lo llevó a entregar a su propio hijo para darnos salvación y vida eterna. El profeta Jeremías pudo expresarlo de esta forma: "Jehová se manifestó a mí hace ya mucho tiempo, diciendo: Con amor eterno te he amado; por tanto, te prolongué mi misericordia." capítulo 31:3 (RVR 1960), de manera personal puedo decir que también se reveló a mi vida para mostrar su infinito amor y cuidado, igualmente quiere revelarse a tu vida para darle sentido y plenitud y ayudarte a superar, suplir y cubrir todas las carencias, sanar toda dolencia emocional incluyendo la del rechazo.

En medio de mi paréntesis, estoy segura que como una buena lectora te estarás preguntando qué pasaría con las telarañas que encontró en el rincón de la bodega Gloria; bueno no pienses que me he olvidado de la historia, la relación que esta predicadora de la palabra a querido darle al relato que hoy les cuento en mi libro; es que vivimos batallando en nuestro interior con las mismas telarañas constantemente; tratamos de eliminar el enojo, la envidia, los celos, la inseguridad; todos estos malos comportamientos que sabemos no son correctos pero que tienen raíces profundas en el corazón, y que se tejen constantemente en los rincones de este, y que adoptamos como parte de nuestra personalidad; tratando de combatirlas con armas humanas y algunas espirituales, donde sentimos que tenemos la victoria, pero ciertamente con el tiempo reconocemos que este logro es momentáneo, volviendo a caer en las redes de este mal.

Como el caso de la historia de Gloria, muchas veces nuestras luchas se centran en la telaraña y no precisamente en quien las ocasiona. Como mujeres cristianas que vivimos en una batalla entre hacer el bien e ir en contra del mal, debemos decidir ir más allá de esos sentimientos negativos que expresamos y llegar a la raíz de lo que los produce, indagar a la luz de las escrituras y bajo la dirección del Espíritu santo que nos dirige a toda verdad, nos lleve a revelar el porque de las acciones de celo, envidia, ira e inseguridad, ¿qué es lo que me mueve como mujer a sentirme con menor valor que los demás,

*que a pesar de recibir amor por parte de los que están a
mi alrededor me sigo sintiendo rechazada?, ¿porque me
siento desplazada en un grupo de amigos?. Son preguntas
importantes para descorrer la cortina, enfrentar el
problema y hacer operación exterminio.*

*Cuando comienzas a escudriñar y orar buscando el
verdadero motivo, el Espíritu Santo no solo te llevará
a eliminar las telarañas que se hacen visibles con tus
acciones, sino que te llevará a descubrir el venenoso
sentimiento que produce toda esta serie de reacciones,
y que por momentos te llevan a sentirte segura,
amada y aceptada, pero en otros te sientes insegura y
menospreciada, produciendo un debate silencioso en tu
interior y haciéndose manifiesta esta complejidad de
emociones negativas.*

*Considero de manera personal que somos vulnerables
al rechazo, sentimos dolor cuando somos desestimados,
porque todos por creación somos condicionados a ser
aceptados y amados, hemos sido creados con la necesidad
de pertenencia; es por esa razón que Dios se preocupó
porque los lazos afectivos se iniciaran y alimentaran
dentro del vínculo familiar, tema que toque en paginas
anteriores. Yo parto del punto con el que él inició las
relaciones interpersonales: "todo comienza en casa"; es
allí donde desde corta edad se marca la conducta de un
ser humano, y los sentimientos de rechazo se comienzan a
alimentar dentro del círculo familiar aún desde que el feto
esta dentro del vientre de la madre.*

*Recuerdo cuando estaba embarazada de mi hijo
Joan encontré un libro llamado "Hola Bebé", en el mismo
enseñaban a las mujeres embarazadas a hablarle al bebé
que se desarrollaba en el vientre y nos dejaba saber la
importancia de comunicación en esta etapa de la vida;
verdaderamente es tal la influencia que desde los meses de
gestación ya el bebé está registrando rechazo o aceptación.*

Eso me lleva a ratificar que las personas quebrantadas por el rechazo han recibido reacciones de desprecio o desplazamiento por parte de sus padres, muchas veces por embarazos no deseados, las mismas reacciones de madres con bajos valores de sí mismas las llevan a facturar a los hijos el desprecio que sienten por ellas; en la mayoría de los casos son conductas inconscientes que desencadenan consecuencias de herencia hasta de por vida y que condicionan la mente y corazón de la víctima a sentirse no merecedoras de afecto, amor, respeto y aceptación.

En algunos estudios realizados se ha determinado que niños expuestos al rechazo por parte de sus padres adoptan conductas con bajos niveles de comportamientos pro-sociales aislándose de sus entornos, no son dados a compartir; manifestando ser agresivos, destructivos, altos niveles de comportamientos inmaduros y desatentos, expresando maltrato y acoso físico contra otros, a lo que llamamos bullying, conducta también descrita en líneas anteriores, acciones que se van arraigando en la personalidad.

Encontraremos a mujeres que han sido rechazadas en sus círculos escolares, especialmente en la etapa más difícil que es la adolescencia, ese puente de transición entre la niña que está dejando de serla para llegar a ser una adulta. Si como adultos entendiéramos las marcas que producen esta etapa, tomaríamos gran atención para proteger a nuestros adolescentes. He tenido la oportunidad de escuchar muchas historias tristes de jóvenes que llegan aún al acto del suicidio debido al rechazo que reciben dentro del entorno escolar, las noticias diarias nos dejan ver una realidad latente en nuestra sociedad donde los adolescentes son víctimas y victimarios del rechazo.

He compartido con mujeres que producto de la ruptura de una relación sentimental de noviazgo o un divorcio desencadenan esta emoción negativa y que a su vez van condicionando un estilo de vida viciado, produciendo grandes barreras y fortalezas emocionales, que son utilizadas como mecanismos de defensa para no sentirse que están siendo vulneradas en su integridad y que impiden una relación interpersonal abierta y saludable con el resto de las personas.

Amiga mía te das cuenta que no es la telaraña como dice Gloria sino quien la forma, es por eso que al revelarse la verdad de los acontecimientos, al descorrer la cortina de una herida oculta, aunque sea en el momento doloroso, ese proceso de la verdad te podrá llevar a la operación exterminio para transitar en la verdadera libertad en Cristo Jesús.

Te has preguntado el porqué muchas hermanas dentro de las comunidades cristianas no disfrutan de una vida plena de libertad, simplemente porque la vida como cristianas no se basa en una mera asistencia a los templos, va más allá de lo natural; nuestro Padre quiere que la vida en el espíritu sea una realidad y vivencia personal que ataque todos estos roedores de nuestra paz y estabilidad espiritual, emocional incluyendo la física; porque las personas enfermas emocionalmente contaminan su vida espiritual y aún más contaminan su cuerpo, o ¿no has pensado que muchas enfermedades hoy son el resultado de enfermedades emocionales?, pues quiero decirte que se ha demostrado medicamente que muchas de las afecciones del cuerpo son el resultado de un corazón enfermo.

La Biblia nos ayuda no solo a ser espirituales, sino que también nos permite ver un panorama realista en nuestra conducta como seres sociales, a través de su palabra Dios no ocultó las necesidades y debilidades de los hombres y mujeres usados por él, encontramos por el recorrido de las escrituras como se vieron enfrentados con sus propios comportamientos, pecados, necesidades, flaquezas, traiciones y rechazos; pero lo que los mantuvo fieles hasta el final fue la fe cimentada en el Dios que les prometió y que nos ha prometido a nosotras hoy por su palabra recibir la aceptación incondicional, el perdón y amor eterno, que se hace manifiesto y permanente a pesar de nuestros pecados, flaquezas y sentimientos negativos; él siempre permanecerá fiel supliendo nuestras carencias, su amor es eterno, su misericordia es nueva cada día, su perdón esta a la disposición de todos aquellos que reconocen sus pecados, su poder sanador está disponible para los quebrantados de espíritu.

Fue lo que hizo Jesús en su ministerio terrenal, no solo vino a proclamar la salvación del alma y sanar a los que tenían enfermedades físicas, él se preocupó por sanar a los quebrantados de corazón; era la misión completa y trascendente de Jesús sobre esta tierra, proporcionar la estabilidad física, espiritual y emocional de todo individuo, incluyéndome a mí y a ti, dice Jesús: "El Espíritu del Señor está sobre mí, Por cuanto me ha ungido para dar buenas nuevas a los pobres; Me ha enviado a sanar a los quebrantados de corazón; A pregonar libertad a los cautivos, Y vista a los ciegos; A poner en libertad a los oprimidos" Lucas 4:18 (RVR 1960), estas son promesas vigentes y liberadoras para todas.

Hemos descubierto las cortinas de oscuridad que en ocasiones no nos permiten ver más allá de la superficie, vemos las telarañas: la envidia, los celos, los pleitos, la ira, el resentimiento, la inseguridad y cuantos otros sentimientos negativos manifestados en nuestras vidas.

El desconocimiento de la verdad no nos permite percibir la araña que teje sus redes, si redes, porque recuerde que estos animales son depredadores que tejen extraordinariamente sus trampas para poder atrapar sus víctimas, estos tejidos son para los insectos que caen desprevenidos en ellas, y es así como las arañas se pueden alimentar eficazmente sin gastar energías; al insecto chocar contra la tela, la araña está esperando alrededor de la red para atraparlo como alimento, así mismo el impacto del rechazo teje una red de sentimientos que envuelven y atrapan el corazón para luego inyectar el veneno que nos infecta produciendo muerte emocional y en ocasiones espiritual.

Después de descorrer la cortina sobre una verdad silenciosamente oculta, quiero dejar en el capítulo 10 algunos recursos divinos que nos ayudarán a enfrentar y superar la etapa del rechazo caminando la ruta de sanidad y comenzar a vernos con el valor eterno que nuestro Padre Celestial nos otorga como en los otros casos; somos mujeres, escogidas, compradas, aceptadas y amadas. Acompáñame al próximo nivel.

Capítulo 10

OPERACIÓN EXTERMINIO

En la vida enfrentarnos a muchas realidades negativas no es fácil, ya que al traer del recuerdo la verdad de nuestra condición en la mayoría de los casos produce dolor, y es por eso que gran parte de las mujeres prefieren mantener sedados sus quebrantos para así no experimentar dicho dolor; pero he descubierto en mi propia vida que no podemos vivir en nuestro recorrido evadiendo realidades, porque tarde o temprano recibimos las facturas de nuestros quebrantos, doloroso aún más es lo que dejamos a nuestras próximas generaciones, yo lo pude experimentar y descubrir en mi propia familia.

Si quieres romper maldiciones, debes dar el paso para romper con el hilo genealógico emocional negativo y decidir: "hasta aquí llegó"; para que te puedas extender a una vida plena, sana y dejes a tus hijos un testamento de bendiciones, y no me refiero a lo material, me refiero a las que dejan beneficios emocionales y espirituales estables y enriquecedores.

Enfrentar la realidad del rechazo duele, por supuesto que sí, duele mucho ir al recuerdo y saber que fuimos rechazadas por una mamá que deseaba abortar su pequeña criatura, duele sentirse desplazada por un hijo que era preferido, se siente dolor cuando un esposo rechaza a su esposa por otra, y cuantos otros rechazos podría describir, pero alguien dijo que: "nada dura para siempre". Si te determinas entender que sigues con vida, que hay un futuro por delante, puedes cambiar la perspectiva de tus circunstancias y darle sentido a la oportunidad que Dios te permite cada nueva mañana; y como en los otros quebrantos la decisión de remontarte por encima de los pronósticos negativos es tuya, tú decides.

Yo simplemente quiero ser instrumento de ayuda para apoyarte a seguir adelante, no quebrantada con el veneno del rechazo, sino libre con una vida llena de gozo de paz; y aún más lo desea tu Padre Celestial que te conoce, se acuerda de tu condición y anhela sacarte de ella.

"El dolor por sacar la herida del corazón es momentáneo, el dolor por querer mantener la herida es permanente".

Si leyendo estas líneas has tomado la firme decisión de enfrentar el dolor, te invito a que des estos pasos antes de pasar al próximo capítulo.

La oración siempre es eficaz

Ir en oración a la presencia del Padre reconociendo el dolor y rencor voluntario o involuntario atesorado en el corazón por haber sido rechazada ya sea por mami que no te deseaba o papi que no te reconoció como hija, hermanos con los que peleabas o sentías que eran preferidos por tus padres, amigos que te humillaban, algún líder en tu vida ya sea maestro, líder espiritual o un jefe en tu campo de trabajo; no importa la fuente lo importante es reconocer la herida para cicatrizar con el ungüento sanador.

Cuando pedimos la ayuda espiritual, es el Espíritu Santo el que te guiará a través de las Sagradas Escrituras por la senda de la sanidad, ya que ellas traerán a tu corazón las promesas de un Padre que te ama incondicionalmente y que te invita a creer y vivir en sus promesas, ellas te llevarán a la verdad de la efectividad que cobra en tu vida el sacrificio perfecto hecho en la cruz del calvario, y esa sangre derramada por Jesús se hace eficaz en tu corazón para limpiarte de todo pecado.

El escritor a los hebreos nos deja esta expresión: "Porque no tenemos un sumo sacerdote que no pueda compadecerse de nuestras debilidades, sino que fue tentado en todo según nuestra semejanza, pero sin pecado. Acerquémonos, pues, confiadamente al trono de la gracia, para alcanzar misericordia y hallar gracia para el oportuno Socorro." Hebreos 4:15-16 (RVR 1960); cuando me sumerjo en las escrituras siento la convicción plena de que sus promesas arraigadas en nuestros corazónes nos dan fuerza y nos hacen como árboles plantados y arraigados. Acercarnos en confianza al trono de la gracia nos da poder para exterminar a los roedores que solo quieren comerse nuestras bendiciones.

Aceptación por creación y no por formación

Cuando una MUJER experimenta rechazo en su vida, aprende a verse a través del espejo del desprecio y comienza a experimentar repudio hacia sí misma, lo que la lleva a un valor bajo en tu estima, tema que toqué en capítulos anteriores a profundidad, y la inhabilita mutilando sus virtudes y capacidades con las que ha sido creada.

Entrar en el proceso de aceptación de quienes somos por creación y no por formación, nos llevará a afirmar el valor de quienes somos en Cristo Jesús; afirmará nuestra identidad como hijas de Dios y nos hará efectivas en las tareas asignadas por nuestro creador.

Cuando pienso en mi pasado traumático que dejó tantas marcas, y la vida de plenitud en la que vivo hoy; doy gracias siempre porque las buenas nuevas de salvación se revelarón a mi corazón y entendí el plan que él tenía para mi vida; hoy no soy una hija de las circunstancias, ni una hija del pasado, decidí que el Señor cambiara mi lamento en baile; hoy lo disfruto a plenitud, soy MUJER, soy una hija de Dios y mi anhelo es que tu también lo seas y lo disfrutes.

El Apóstol Pablo nos deja una expresión: "Porque somos hechura suya, creados en Cristo Jesús para buenas obras, las cuales Dios preparó de antemano para que anduviésemos en ellas" Efesios 2:10 (RVR 1960). Así que somos mujeres creadas para buenas obras, no para caminar en derrota, ni humilladas o despreciadas, necesitamos aprender a cultivar el sentido de pertenencia en Cristo, cuando eso sucede no dependemos de la aprobación de los hombres, eso ya no es importante para nosotras, aprendemos a reconocer que somos aprobadas por Dios. Depende de nuestra decisión ser libres de los sentimientos de rechazo.

Reconoce y entiende el infinito amor de Dios en tu vida

A través de la historia nuestro Padre Celestial a querido demostrar que aunque seamos huérfanos emocionales, él nos da su paternidad y desea llenar el vacío en nuestros corazones que ha dejado una persona. Ha sido tal su amor eterno que entregó a su único hijo como muestra de amor incomparable, así que no solo nos regala vida eterna a través de Jesús, él suple nuestras carencias emocionales y nos esconde en el hueco de su mano para caminar firmes y seguras.

El Apóstol Pablo inspirado por el Espíritu Santo lo expresó con estas palabras: "Bendito sea el Dios y Padre de nuestro Señor Jesucristo, que nos bendijo con toda bendición espiritual en los lugares celestiales en Cristo, según nos escogió en él antes de la fundación del mundo, para que fuésemos santos y sin mancha delante de él en amor, habiéndonos predestinado para ser adoptados hijos suyos por medio de Jesucristo, según el puro afecto de su voluntad, para alabanza de la gloria de su gracia, con la cual nos hizo aceptos en el Amado." Efesios 1:3-6 (RVR 1960), creo que al reconocer la sencillez y verdad de las escrituras, solo tenemos que decir: "gracias Padre por amarme incondicionalmente".

Vivir por promesas y no por pronósticos

Si revisamos el historial de una mujer quebrantada por el rechazo, sabremos que los pronósticos de vida son negativos, el diagnóstico sicológico será el de una personalidad quebrantada por las heridas del pasado, que puede en su caminar facturarse a sí misma y a sus seres amados el cobro del dolor producido; pero las promesas divinas atesoradas en un corazón que desea seguir latiendo se convierten en un poderoso tesoro liberador que la llevará a la cima de la libertad. Estas divinas palabras, las de las Sagradas Escrituras alimentarán las virtudes, talentos y habilidades con las que ha sido creada, y serán un arma poderosa para proteger el corazón de los embates del recuerdo, ellas se convertirán

en un escudo de protección para creer y caminar confiada
que hay un Padre amoroso que cuida de su creación y
a cada una quiere bendecir. Así que debes aprender a
caminar y vivir por las promesas y no por los pronósticos.

El Apóstol Pablo nos recuerda que no son los
pronósticos humanos los que nos califican sino lo que dice
Dios en su Palabra: "¿Quién acusará a los escogidos de
Dios? Dios es el que justifica. ¿Quién es el que condenará?
Cristo es el que murió; más aún, el que también resucitó,
el que además está a la diestra de Dios, el que también
intercede por nosotros ¿Quién nos separará del amor de
Cristo? ¿Tribulación, o angustia, o persecución, o hambre,
o desnudez, o peligro, o espada? Como está escrito: Por
causa de ti somos muertos todo el tiempo; Somos contados
como ovejas de matadero. Antes, en todas estas cosas
somos más que vencedores por medio de aquel que nos
amó." Romanos 8:33-37 (RVR 1960).

Así que no continúes matando las telarañas, porque
si lo haces siempre encontrarás en los rincones de tu
corazón redes tejidas que te harán caer en la trampa;
elimina el veneno del rechazo y camina por la ruta del
perdón, amor y aceptación que ofrece el Señor, y así poder
seguir dando pasos de libertad.

Capítulo 11

UN GIGANTE OCULTO

"Mirad bien, no sea que alguno deje de alcanzar la gracia de Dios; que brotando alguna raíz de amargura, os estorbe, y por ella muchos sean contaminados;..."
Hebreos 12:15 (RVR 1960)

n este capítulo me dedicaré a excavar la tierra para llegar a la Raíz de un árbol y sacar a la luz un gigante oculto que produce raíces tan profundas y arraigadas, generando no solo estragos en nuestros corazones, sino que también afecta a nuestros seres amados, de igual manera a las personas que son parte de nuestro circulo social, y lo es LA AMARGURA.

La demanda de Dios

Cuando revisamos nuestro manual de vida, la Biblia, encontramos advertencias bien serias de parte de Dios, y así como el promete bendecirnos, también nos hace demandas que deben ser obedecidas para nuestra salud no solo espiritual, sino igualmente emocional y física.

No sé a qué se debe en este tiempo por cierto muy peligroso en el que vivimos, que como iglesia de Jesucristo y debiendo ser fieles a las enseñanzas escriturales, nos hemos desenfocado del propósito original, el cual es la salvación y la vida eterna. Como lo he dejado ver en mis conferencias y programas radiales, los mensajes motivadores nos han llevado a preocuparnos por temas de menos relevancia para la preservación de la vida ya sea en esta tierra o para la eternidad, que solo mecen nuestros corazones arrullándonos a un conformismo en nuestra vida diaria sin observar la demanda de cuidar nuestra salvación con temor y temblor como dice el Apóstol Pablo en el libro de Filipenses 12:2, y lo hace refiriéndolo de esta forma: "Por tanto, amados míos, como siempre habéis obedecido, no como en mi presencia solamente, sino mucho más ahora en mi ausencia, ocupaos en vuestra salvación con temor y temblor,..." (RVR 1960). Estos mensajes motivacionales nos están desenfocando del fin y nos llevan a ocuparnos de producir y cuidar los bienes materiales y colocarlos en un orden de prioridad; cuidamos el carro, la casa, el trabajo, el dinero, y se convierte en un anesteciante para no observar y cuidar lo que tiene mayor valor preciado que es preservar nuestros corazones limpios y puros para que el Espíritu Santo pueda morar en nosotros y así ser preservados para la vida eterna. En otras palabras nos estamos ocupando de las ramas, que se vean bien, bonitas y entramos en un círculo de vivir de apariencias sin cuidar la raíz.

Nuestras ocupaciones en lo material y tangible nos desvincula de lo eterno para nuestras vidas, creo que hoy hemos olvidado la demanda de parte de Dios que dice en Proverbios 4:23 "Sobre toda cosa guardada, guarda tu corazón; Porque de él mana la vida" (RVR 1960). Y sabemos que guardar y cuidar no solo se refiere a ese musculo que bombea sangre por nuestro cuerpo y que nos permite vida sobre esta tierra, sino que va mas allá, llegando a la sede de nuestras emociones, es el eje y centro de la vida donde se encierran todas nuestras pasiones, sentimientos y pensamientos, llega a ser el centro de la voluntad y el lugar donde se toman las decisiones, tema del corazón que también toqué en uno de los capítulos del libro. Será mejor que nuestro corazón esté dirigido genuinamente por el Espíritu Santo que se convierte en un GPS y que es quien nos guía a toda verdad, y no por nosotros que en muchas ocasiones tómanos direcciones erráticas que nos llevan por el camino equivocado.

El profeta Jeremías pudo describirlo de una forma sincera: "Engañoso es el corazón más que todas las cosas, y perverso; ¿quién lo conocerá? Yo Jehová, que escudriño la mente, que pruebo el corazón, para dar a cada uno según su camino, según el fruto de sus obras." Jeremías 17:9-10 (RVR 1960), así que el único que conoce la verdad de lo oculto de nuestros corazones es él y solo en él, por lo que debemos entregárselo para que lo limpie, transforme y sintonice con su voluntad y que dice que nos dará a cada quien el fruto de lo sembrado; así que para aquellos que no creen en los resultados de la siembra y piensan que sembrando limones recogerán tomates están equivocados, nuestra siega será el resultado de la semilla que habremos echado a tierra y a su tiempo habrá germinado, de allí la importancia de saber cuál es la semilla que se siembra en el corazón.

Así que la demanda de volver a mantener una conexión espiritual está vigente hoy, aunque para algunos cristianos sea un viejo consejo y digan que está en el antiguo testamento, hoy está más vigente que nunca y mi libro tiene el propósito de que te desprendas de la visión terrenal y te eleves a lo espiritual, a lo que tiene valor eterno.

La demanda es proteger ese corazón que nos conecta con el creador; cuando él nos hace la solicitud no nos dice: dame hijo mío tus bienes, tu casa, tu carro; él te dice de una manera personal: "Dame, hijo mío, tu corazón,..." Proverbios 23:26 (RVR 1960); Es el llamado que hizo a nuestras vidas de manera personal, ¿entonces por qué nos preocupamos por lo efímero y pasajero?

Soy firme en mantener, enseñar y predicar que lo que cambiará nuestras conductas y nos guardará será el mensaje exhortador de la poderosa Palabra de Dios, y el salmista David pudo no solo escribir sobre el poder de las escrituras sino que también lo pudo experimentar en su vida y él se refiere con su dulzura y amor por ellas diciendo: "La ley de Jehová es perfecta, que convierte el alma; El testimonio de Jehová es fiel, que hace sabio al sencillo. Los mandamientos de Jehová son rectos, que alegran el corazón; El precepto de Jehová es puro, que alumbra los ojos." Salmos 19:7-8 (RVR 1960), así que ni tu ni yo podemos apartarnos de este libro de la ley, el nos ayudará a cuidar y proteger nuestros corazones para que permanezcan limpios y puros, y se hagan una realidad las promesas de bendiciones sobre nuestras vidas no solo en esta tierra sino para la eternidad.

Si obedecemos la demanda que Dios también le hizo a Josué, nuestros resultados serán de una vida en abundancia, libre de traumas emocionales, y nuestro Dios habrá de darnos el monte que tiene determinado para nosotras, y disfrutarlo con nuestros seres amados, así que no me malinterprete cuando les hablo de los bienes materiales como un centro de apego en los corazones, ellos habrán de ser de bendicion a nuestras vidas, familias y ministerios; pero no pueden desenfocarnos del plan original que es la salvación de nuestras almas; y para ello la verdad que Josué obedeció y lo preservó, a nosotros también nos preservará y preparará para recibir la recompensa si la obedecemos, Jehová Dios le dice: "Nunca se apartará de tu boca este libro de la ley, sino que de día y de noche meditarás en él, para que guardes y hagas conforme a todo lo que en él está escrito; porque entonces harás prosperar tu camino, y todo te saldrá bien." Josué 1:8 (RVR 1960).

Tal vez las pasadas líneas te habrán hecho pensar donde se quedaría el gigante oculto del que te quería hablar, no pienses que lo he omitido o pasado por alto, el enfoque está en que no puedo dejar de hablarte de una de las advertencias de Dios en su palabra ya que ese gigante se arraiga precisamente en nuestros corazones; a veces de una forma imperceptible, no nos percatamos que el se esconde en lo intimo de nuestro ser para desde alli establecer su sistema de operaciones y manejar nuestras emociones de una forma magistral, convirtiéndonos en títeres y moviendo nuestro carácter a su deseo y antojo con impresiones en nuestra personalidad tan negativas que nos secan y marchitan espiritualmente, esto casi sin poder percibirlo.

Así que la demanda del guardar el corazón tiene tanta importancia, y es que en el se arraigan comportamientos que nos pueden descalificar de alcanzar la gracia de Dios, y como lo dice el escritor al libro de Hebreos, textualmente lo quiero dejar y luego descorrer una cortina de oscuridad que arropa tantos corazones, él dice: "Mirad bien, no sea que alguno deje de alcanzar la gracia de Dios; que brotando alguna raíz de amargura, os estorbe, y por ella muchos sean contaminados;..." Hebreos 12:15 (RVR 1960), me gusta que lo dice el escritor inspirado por el Espíritu Santo de una forma clara y sencilla.

Estudiando las escrituras descubrí que la amargura es uno de esos comportamientos, es un sentimiento que puede estar escondido en el corazón sin percibir el daño profundo que puede causar. Encontré estos pasajes del libro a los Hebreos que abrieron los ojos de mi entendimientos no solo para dejarlo plasmado en tu corazón y ayudarte a caminar en libertad, sino que me ayudó de forma personal a ser libre de los tentáculos de la amargura.

En las próximas líneas quiero que fijes con atención lo que revela el escritor, exhortando a la iglesia a vivir una vida libre de ataduras espirituales y caminar en santidad, él dice: "Por lo cual, levantad las manos caídas y las rodillas paralizadas; y haced sendas derechas para vuestros pies, para que lo cojo no se salga del camino, sino que sea sanado. Seguid la paz con todos, y la santidad, sin la cual nadie verá al Señor." Hebreos 12: 12-14 (RVR 1960); estos versículos están escritos en la antesala del texto base de mi capítulo y revelan con claridad la influencia negativa que produce LA AMARGURA en los corazones que la atesoran, y el mismo nos deja un panorama realista, y es que ningún ser humano puede vivir en amargura y decir que la gracia de Dios está sobre sus vidas, ya que las raíces de amargura debilitan nuestra vida, produciendo desfallecimiento y desanimo espiritual y nos lleva a romper nuestra relación con Dios, con nosotras mismas y con las demás personas.

El escritor hace un llamado a que se levanten las manos caídas y las rodillas paralizadas, y es que los sentimientos negativos como este son un paralizante de nuestro andar que produce derrota, y se convierte en una artritis espiritual que nos hace desfallecer y vivir en un panorama de oscuridad y sombra que silenciosamente nos debilita y deja sin fuerzas; así que la exhortación es por el poder del Espíritu en nuestras vidas levantar las manos y darle movimiento a nuestras rodillas que han sido fracturadas y mutiladas por las malas experiencias que han dejado sabor amargo en nuestro ser; y sigue haciendo un llamado de atención extensivo a nosotras diciendo: como creyentes nuestras sendas, nuestros caminos tienen que ser caminos derechos, rectos que no desvíen nuestro andar, no desvíen nuestros pies del bien que Dios provee para nuestras vidas, y así no podamos salirnos del plan trazado, sino que podamos alcanzar la meta de culminar con gozo y no amargura nuestra carrera.

Cuantas de nosotras en el recorrido por nuestra vida no deseamos en lo profundo del corazón vivir con gozo, con amor, con regocijo y sin embargo sabemos que en algunos momentos de nuestra historia y en lo profundo de nuestro ser nos ha costado expresar alegría, contentamiento, bondad, porque la amargura ha impactado nuestras vidas y nos han dejado paralíticas, sin sueños, esperanzas, propósitos y metas; a eso se refiere el escritor, a las consecuencias incalculables que trae caminar con este gigante oculto al cual debemos sacar para que nunca más produzca raíces en el corazón.

Si continúamos revisando la alerta del escritor, nos advierte de forma sencilla y entendible: "Seguid la paz con todos, y la santidad, sin la cual nadie verá al Señor." el lenguaje sigan, caminen, busquen la paz y la santidad; es una acción personal de realizar un trabajo para preservar el preciado regalo de Dios, en otras palabras: Dios hace una parte y nosotros hacemos otra parte; todo no le corresponde a él, hay una acción de la voluntad de querer hacer el recorrido correcto, de transitar la senda ordenada y de vivir una vida de paz y santidad, pero ¿Quién podrá vivir en paz y santidad si vive en amargura?, bueno, nadie puede vivir en gracia, caminando en desgracia, o una cosa o la otra.

El reto hoy para ti con mis líneas es que decidas que hacer: o vivir en la gracia divina o seguir caminando con las manos caídas y en silla de ruedas, con la desgracia de que un día tu corazón se llenó de amargura y no lo has podido superar.

Dios desea, quiere, anhela que seamos sanados y restaurados en todas las aéreas de nuestras vidas y que _nos sea restituido todo lo que el pasado y el enemigo nos ha robado, incluyendo nuestras libertad y paz interior. Si vives en PAZ y SANTIDAD no tendrás amargura, pero si vives en amargura no tendrás PAZ, ni podrás decir que caminas en SANTIDAD._

Portadoras de un virus venenoso

Otra verdad que encontré en esas líneas tan extraordinarias de este pasaje, cuando dice: "y por ella muchos sean contaminados;" es que si nuestro corazón está lleno de esas raíces amargas, somos portadores de un virus que contamina el corazón de los que están a nuestro alrededor, las palabras y acciones de un corazón herido pueden llevar a enfermar otros corazones.

No sé si usted ha observado algunas personas que comienzan a tener cambios en sus comportamientos, reflejan cambios en sus convicciones y visión espiritual, hasta el semblante en sus rostros cambia cuando estas se amistan con personas que lo único que respiran es odio, amargura y resentimiento, y lo que ha sucedido es que han sido contaminadas con el virus, han sido infectadas con este mal, recuerda que somos portadoras de bendición pero también lo podemos ser de maldición.

Definitivamente Dios nos llama a una vida de santidad, no es en vano la exhortación: "..."Seguid la paz con todos, y la santidad, sin la cual nadie verá al Señor." No sé qué tan fuerte y determinante sientes estos pasajes de las escrituras en tu corazón, pero a mí me estremecieron y confrontaron con una realidad que muchas veces desconocemos y no sabemos cómo enfrentar; si recuerdan la historia de mi niñez, mi corazón fue impactado con muchas experiencias negativas que crearon en mi proceso de crecimiento mucha amargura, la cual estaba oculta y yo por la ignorancia no percibía los *efectos negativos que producía; cuando este pasaje vino como luz a mi corazón, lo comencé a tomar muy en serio en mi propia vida para entrar en un proceso de sanidad interior, porque aunque muchos digan que no, nuestra eternidad está en juego; y vivimos saltando por las ramas con mensajes tan superficiales que no trasforman nuestra conducta y no estremecen nuestro espíritu.*

Creo que necesitamos hoy muchos Apóstoles como el escritor a los hebreos, o como Pedro, Santiago, que nos diserten predicaciones tan sencillas pero tan contundentes que nos sacudan y nos hagan reflexionar que la salvación de nuestras almas hay que cuidarlas, que podamos considerar las sagradas escrituras como nuestro manual de vida que nos cambia y nos trasforma. El Apóstol Pablo le escribía a la iglesia en Éfeso diciendo: "[31] Quítense de vosotros toda amargura, enojo, ira, gritería y maledicencia, y toda malicia." Efesios 4:31 (RVR 1960), así como estas y tantas son las amonestaciones vigentes hoy, ¿entonces porque nos desenfocamos de lo que nos preserva en la gracia divina?, nos acostumbramos a escuchar lo que a nuestros oídos les gusta y no lo que necesitamos.

La vida en Cristo es un estilo que lo da la Biblia, y si queremos recibir las bendiciones de Dios debemos obedecer lo que las escrituras nos demandan.

Capítulo 12

ADORANDO AMARGAMENTE

*"...ella con amargura de alma oró a
Jehová, y lloró abundantemente."*
1 Samuel 1:10 (RVR 1960)

odos conocemos a Ana como la mujer que oraba, historia que encontramos en el libro de 1ra. de Samuel 1; estudiando los pasajes que hablan de ella, encontré algunas verdades que me cambiaron la visión sobre su vida, no porque ahora no la vea como aquella mujer que nos enseñaba la escuela bíblica, devota, sierva del Señor que oraba en la presencia de Dios, sino que aprendí en el relato que no solo era estéril físicamente porque no le daba un hijo a su marido Elcana, sino que también se había convertido en una mujer estéril emocionalmente producto de la amargura que atesoraba en su corazón.

No sé si a ti te ha pasado alguna vez, que llegas al templo y sales del servicio a Dios en la misma condición de desaliento e indiferencia con la que llegastes; o en tu caminar diario experimentas resequedad espiritual, no sientes gozo, te sientes enojada sin saber por qué, y cualquier suceso te irrita y desagrada, nada te produce *risa ni gozo, y la felicidad de los demás te molesta; reconoces que en lo profundo del corazón te sientes seca, vacía, no te agradan las buenas noticias de las personas, aún más no adoras a Dios con libertad asegurando en tus pensamientos que solo tus labios se mueven pero tu corazón está lejos de una genuina adoración; bueno así como tú te has sentido o tal vez te estás sintiendo, de la misma manera pienso que se sentía Ana.*

Encontré en la Biblia la historia de esta mujer que llegó a vivir en una condición que yo le llamo: "estéril emocional", y condición en la que encuentro a muchas mujeres que en su diario vivir hacen su recorrido por la vida en tales circunstancias, ya que los choques emocionales han producido una fractura en el corazón que mutila el aparato reproductor de gozo, amor y paz; esto a pesar de haber aceptado a Jesús como su Salvador y asistir regularmente a los servicios de adoración y enseñanzas de la Palabra de Dios; pareciera que los sentimientos de amargura tienen más poder que el fruto del Espíritu Santo, pero no es cierto, porque jamás el pecado, y sí, quiero que vea la amargura como pecado, no es cierto que tenga más poder, el problema está en que no hemos querido enfrentar el gigante oculto, no queremos reconocer la verdad de nuestra esterilidad, y muchas mujeres prefieren vivir aparentando una sanidad y libertad que no es real y que el Dios eterno que nos conoce sabe cuál es la real condición.

Encuentro en la historia de esta mujer estéril una verdad que nos ayuda a enfrentar el gigante oculto y poder ser libre de su opresión. Ana llegó a experimentar tal esterilidad espiritual, emocional y también física, ¿se imagina la condición de miseria en la que Ana se encontraba?

Cuenta la historia que su marido Elcana todos los años subía de su ciudad para adorar y ofrecer sacrificios a Jehová de los ejércitos en un lugar llamado Silo, "Y cuando llegaba el día en que Elcana ofrecía sacrificio, daba a Penina su mujer, a todos sus hijos y a todas sus hijas, a cada uno su parte. Pero a Ana daba una parte escogida; porque amaba a Ana, aunque Jehová no le había concedido tener hijos." 1 Samuel 1: 4-5 (RVR 1960), observe la referencia de un esposo que amaba a Ana a pesar de no darle hijos, al resto de la familia le daba su parte; pero a la mujer que amaba le escogía y daba una parte especial, y sabes; así observo a muchas mujeres que son amadas por sus seres queridos pero en el fondo de sus corazones no registran el amor expresado por los que están a su alrededor, el bloqueo producto de los politraumatismos emocionales que ocasiona la amargura no les permite disfrutar de un amor verdadero.

Ana le prestaba más atención a las malas insinuaciones de su rival que a las expresiones de amor sincero de su esposo, dice que esta enemiga perturbadora la provocaba produciendo irritación, ira y tristeza, aparte de su ya esterilidad física; se imagina tal cuadro desolador de esta estéril mujer, dice la historia: "Y su rival la irritaba, enojándola y entristeciéndola, porque Jehová no le había concedido tener hijos." 1Samuel 1:6 (RVR 1960), lo cierto es que su contendora no era fácil; y no sé si tú te has encontrado con rivales de este calibre independientemente cual sea el motivo, y como en la historia de esta mujer encontraremos en nuestro recorrido por la vida muchas peninas que nos producen rabia, tristeza e impotencia, desencadenando una severa amargura, llámele por otro nombre como un divorcio, una perdida física de alguien amado, una infidelidad, un maltrato físico o emocional de un esposo, la traición de una amiga, la humillación de un jefe, estas circunstancias nos impactan de tal manera que nos pueden noquear derribándonos al piso y postrándonos.

Recuerdan lo que dice el escritor a los hebreos: "levanten las manos caídas y las rodillas paralizadas", no podemos menospreciar el poder del gigante oculto, que vivió en la vida de Ana, y la de muchas mujeres hoy.

Y la historia dice que: "Así hacía cada año; cuando subía a la casa de Jehová, la irritaba así; por lo cual Ana lloraba, y no comía." 1 Samuel 1:7 (RVR 1960), esta familia a la que yo le llamaría disfuncional y conflictiva, vivía en esta condición a pesar de ir a la casa de Dios, y ¿Cuántos cuadros conflictivos no encontramos en las familias que son miembros de las comunidades cristianas?; bueno lo cierto es que aunque iban a la casa de Dios a adorarle y ofrecían sacrificio, Penina era una intrigante y perversa atormentadora, Ana amargada por las circunstancias, Elcana sufriendo al ver a su amada hundida en el pozo de la desesperación. Tal cuadro lo traigo a nuestros días y encuentro a tantas personas en sus jaulas espirituales, adoran amargamente como esta mujer y adoran y levantan sus manos a un Dios santo a pesar de sus maldades como esta rival, se imagina el mal ejemplo para los hijos de Elcana; oh mi Dios ayúdanos!

Cada año y no sabemos por cuantos porque la historia no lo registra, pero dice: "Así hacia cada año; cuando subía a la casa de Jehová...;" tal situación le quitaba el hambre a Ana, solo sus lagrimas se habrían convertido en su pan, es exactamente lo que produce la amargura en el corazón, produce en lo profundo tal sinsabor que nos arranca el deseo de vivir.

Admiro la persistencia de este esposo amoroso, el sigue insistiendo en que su esposa tiene que salir de este cuadro emocional y le insiste diciendo: "... Ana, ¿por qué lloras? ¿Por qué no comes? ¿Y por qué está afligido tu corazón? ¿No te soy yo mejor que diez hijos?...", no hay mejor medicina para nuestro dolor que una buena palabra de amor y dulzura, la insistencia de manifestación de amor e interés por esta esposa quebrantada la hizo volver en sí. Los sentimientos de amargura pueden llegar a tal punto de quebranto que no vemos ni sol ni estrella, porque el llanto inunda nuestros ojos y nos impide ver más allá del dolor, se pierde de tal manera el gozo aunque estemos en la casa de Dios abriendo nuestros labios, sabemos que no estamos adorando genuinamente; se pierde el apetito espiritual, y el corazón se aflige de tal magnitud que no se logra ver con esperanza el futuro y no se disfruta del amor de los seres amados, ¿no crees que este gigante oculto es tan feroz que sin percibirlo desgarra nuestros sueños, paraliza nuestro potencial y nos hace estériles como Ana?, ¿creerás tu que este es el plan de Dios para los seres humanos? ¿O piensas que el sacrificio de Cristo no incluye sanidad de los impactos emocionales? ¿o que a él no le importan tus quebrantos?.

Jesús vino a hacer una obra completa en nuestras vidas, vino no solo a darnos vida eterna, también quiere que tengamos vidas abundantes y plenas, que el fruto del Espíritu Santo sea manifestado en nuestras vidas; cuando Jesús caminó en su ministerio terrenal no solo sanaba el cuerpo y predicaba la salvación, el prometió dar libertad a los cautivos, el escritor Mateo describe la labor extraordinaria y sobrenatural del Señor diciendo: "Y se difundió su fama por toda Siria; y le trajeron todos los que tenían dolencias, los afligidos por diversas enfermedades y tormentos, los endemoniados, lunáticos y paralíticos; y los sanó" Mateo 4:24 (RVR 1960), me apasiona leer sobre el ministerio terrenal de Jesús, y este verso me atrapa porque a él no se le escapó ninguno, ni los que tenían dolencias, ni el enfermo, ni atormentado, ni los endemoniados, aún no se le escaparon los lunáticos, ni paralíticos, dice que los sanó a todos, y todos son todos; los que se acercan a Jesús con sus aflicciones y quebrantos él tiene el poder de sanarlos inclúyale el quebranto de la AMARGURA.

Fue lo que sucedió con Ana, las palabras de su amante esposo la ayudaron a volver en sí, la ayudaron a recobrar el ánimo. Usted y yo somos portadoras de buenas noticias, embajadoras de paz, podemos tener la palabra sazonada para bendecir al quebrantado, podemos aportar una palabra de aliento al que no tiene fuerzas; pero si estamos en la condición de Ana seremos nosotras las que necesitaremos la ayuda oportuna. Lo cierto es que dice: "Y se levantó Ana después que hubo comido y bebido en Silo; y mientras el sacerdote Elí estaba sentado en una silla junto a un pilar del templo de Jehová,..." 1Samuel 1:9 (RVR 1960), el volver en sí nos traslada a la esperanza, nos coloca en otra posición, recuerdan la parábola del hijo pródigo, dice que este joven había caído en lo más bajo pero volviendo en sí: "Y volviendo en sí, dijo: !!Cuántos jornaleros en casa de mi padre tienen abundancia de pan, y yo aquí perezco de hambre! Me levantaré e iré a mi padre, y le diré: Padre, he pecado contra el cielo y contra ti. Ya no soy digno de ser llamado tu hijo; hazme como a uno de tus jornaleros. Y levantándose, vino a su padre. Y cuando aún estaba lejos, lo vio su padre, y fue movido a misericordia, y corrió, y se echó sobre su cuello, y le besó. Lucas 15:17-24 (RVR 1960).

Tenemos que recapacitar y entender lo maravilloso que es tener una vida de plenitud en Cristo y disfrutar de la abundancia de pan que ofrece. ¿Por qué siempre queremos vivir con las migajas? ¿por qué no reconocer nuestro pecado oculto ante el Padre? ¿es que acaso no hemos experimentado las misericordias de Dios en nuestras vidas?; todas hemos experimentado su favor inmerecido, decidete como el hijo pródigo y como Ana, que se acercaron al Padre para ser restaurados y reconciliados, recuerda que es una decisión de la voluntad dar el paso de acercarte sin restricciones, ni apariencia. La parábola nos dice que el hijo reconoció su condición y, Ana se atrevió a desnudar su corazón; el dijo: "Padre, he pecado contra el cielo y contra ti, y de ella se dijo: "... con

amargura de alma oró a Jehová, y lloró abundantemente"
1 Samuel 1:10 (RVR 1960).

Me imagino a Ana entre llanto y arrepentimiento soltando lo que por tantos años la mantenía estéril, con amargura de alma oro a su Dios, a su Señor, ese al que ella iba año tras años a ofrecer sacrificio y adoración pero sin sentirlo, seca, sin experiencia de presencia en su vida, ahora esta postrada entregándole el gigante que la atormentaba, y su encuentro fue tan genuino y especial que esta mujer hizo voto diciendo: "Jehová de los ejércitos, si te dignares mirar a la aflicción de tu sierva, y te acordares de mí, y no te olvidares de tu sierva, sino que dieres a tu sierva un hijo varón, yo lo dedicaré a Jehová todos los días de su vida, y no pasará navaja sobre su cabeza." 1 Samuel 1: 11 (RVR 1960).

La Biblia dice que se acuerda de nuestra condición, se acuerda que somos polvo y en su misericordia y amor eterno nos entiende, nos perdona y restaura.

Ana tenía tan oculto este dolor que solo ella podía experimentar la esterilidad por su amargura, y aún nuestros líderes espirituales hoy por la falta de discernimiento espiritual no perciben las necesidades de sus ovejas.

Observo con preocupación que le damos más importancia a las dolencias físicas que a las emocionales; y de que vale que tengamos la hemoglobina en 14 y los signos vitales en perfectas condiciones si caminamos como momias errantes, así como la sanidad física es importante y cuidar la salud física es vital, igual es cuidar y velar nuestra salud emocional que nos conecta en sanas relaciones interpersonales, nos conecta con Dios y con nosotras mismas, los lideres llamados a preparar los santos para la eternidad deben preocuparse por discernir las necesidades que van mas allá de lo físico y material.

Fue lo que le sucedió al sacerdote Eli, no percibió la necesidad de esta mujer y la tomó por borracha, tratándola de una forma despectiva e irrespetuosa; pero me gusta la nueva Ana, la que volvió en sí, tuvo la capacidad de defenderse sin faltar a la autoridad del líder espiritual y le responde: "Y Ana le respondió diciendo: No, señor mío; yo soy una mujer atribulada de espíritu; no he bebido vino ni sidra, sino que he derramado mi alma delante de Jehová. No tengas a tu sierva por una mujer impía; porque por la magnitud de mis congojas y de mi aflicción he hablado hasta ahora." 1 Samuel 1: 15-16

No fue hasta que volvió en sí y llegó en oración a la presencia de Dios que habló lo que le sucedía; en su defensa ante el líder espiritual Eli ella reconoce que en todo el tiempo que estuvo estéril no había sacado a la luz el gigante oculto, y es que este mal lleva a las personas a tal cautiverio que no logran aceptar que están en amargura, el comportamiento llega a ser como el de un alcohólico, está atado pero no reconoce su atadura; a las personas que viven en amargura les sucede igual, viven en negación aunque no comen, no beben, viven airados, entristecidos pero no reconocen su mal.

Ella ahora es que abre su corazón diciendo: ..." por la magnitud de mis congojas y de mi aflicción he hablado hasta ahora", ósea hasta el momento en que tiene un encuentro con Eli es que revela su condición; el volver en si la hace entender que estaba hundida en la esterilidad a pesar de ir cada año a adorar.

Pero alguien dijo que nada dura para siempre y Dios nunca llega tarde, ella se fue por su camino, comió y no estuvo más triste. Después de quedar consciente de su azote, llevarlos a la presencia de Dios, recibir perdón y sanidad recibió restitución se levantó la esterilidad espiritual, emocional y física.

Que les parece lo que hace nuestro Padre Celestial cuando nos acercamos a él, 1 Samuel 1:18- 20 (RVR 1960) dice:" Y ella dijo: Halle tu sierva gracia delante de tus ojos. Y se fue la mujer por su camino, y comió, y no estuvo más triste. Y levantándose de mañana, adoraron delante de Jehová, y volvieron y fueron a su casa en Ramá. Y Elcana se llegó a Ana su mujer, y Jehová se acordó de ella. Aconteció que al cumplirse el tiempo, después de haber concebido Ana, dio a luz un hijo, y le puso por nombre Samuel, diciendo: Por cuanto lo pedí a Jehová." Un nuevo amanecer para Ana y para Elcana también, después de tantos años de esterilidad espiritual, emocional y física, me imagino a Ana adorando genuinamente. Con plena libertad y volviendo a casa libre de ataduras emocionales, esta pareja disfruta de una buena noche de romance, amor, ternura, dedicación, sin amargura, ni traumas, ni tristeza; oh mi Dios! Grandes son tus maravillas. El príncipe amante disfruta de una buena noche con su amada princesa, el final feliz como los cuentos de Disney, pero un hecho real, el se pudo acercar a ella en intimidad, para que en ese acercamiento se rompiera la esterilidad física que le aquejaba y al cumplirse el tiempo, después de haber concebido Ana, dio a luz a Samuel.

Insisto en que Dios desea, anhela, quiere restituirnos lo robado y lo perdido; Lo hizo con Ana, con el hijo pródigo, conmigo y lo puede hacer contigo; tú decides.

Capítulo 13

UN FANTASMA LLAMADO SOLEDAD

En un noticiero local de una ciudad presentaban la noticia de un vecindario, que reportaba: "A Lola la mato la soledad. Sin pensarlo dos veces ella lo hizo creyendo que era la única salida de la jaula en la que se encontraba; Su decisión era la noticia en la comunidad en la que vivía. Lola se sentía perdedora, comentó su vecina, ella estaba convencida que su esposo no regresaría a su lado y el experimentar derrota en cada deseo de cambiar su vida la llevó a tomar la mala decisión. NO vale la pena seguir adelante expresaba a menudo en nuestras conversaciones, continuó diciendo su vecina".

Lola es una de las tantas víctimas de un mal que invade a muchas mujeres hoy. Aún cuando vivimos en ciudades desarrolladas y tenemos en nuestro entorno tantas oportunidades para vivir y disfrutar la vida, los retos de nuestra cotidianidad y los problemas personales llevan a muchas mujeres a aislarse y tomar decisiones incorrectas. Tengo la oportunidad a causa de nuestro ministerio de compartir con muchas mujeres que son parte de las comunidades cristianas, al igual que me *encuentro muchas que no asisten a ninguna iglesia y que se han sentido, y se sienten acompañadas por el fantasma de la soledad; por lo que me he sentido motivada a dedicarle un capítulo a este fantasma que acompaña a tantas mujeres en el recorrido por la vida, que las persigue aún estando ellas en una relación matrimonial, tener hijos y ser parte de la iglesia cristiana. En mi último análisis personal creo que todas en un momento de nuestras vidas hemos sido invadidas por este sentimiento que en muchas ocasiones quiere ser parte de nuestra intimidad.*

En investigaciones realizadas se ha llegado a la conclusión que la soledad es una de las principales causas de la infelicidad, que está asociada a sentimientos de descontento, frustración y ansiedad, llegando a lograr hundir a una persona en la tristeza, desesperanza y depresión, y en ocasiones llevarla al suicidio.

El propósito con este capítulo es dejar un enfoque en el otro lado de la moneda, no el del fracaso y la desesperanza, sino buscar el lado positivo de la soledad y espantar el fantasma que atormenta.

No podemos pasar por alto las circunstancias que producen soledad en los corazones: los cambios de domicilio que traen distancia en los lazos familiares y amistosos, las relaciones frías e indiferentes que establecemos en los lugares de trabajo, vecindario y aún en las iglesias, la creciente ola de individualismo y búsqueda de logros personales, añadiéndole las competencias en los campos laborales; todos estos y mucho otros son factores influyentes para alimentar distanciamiento e aislamiento; sin dejar de sumar la soledad amarga y dolorosa por las frustraciones que deja los divorcios, separaciones de familia por problemas legales, la viudez, el fallecimiento de un ser amado, todas ellas pueden tocar a las puertas de cualquier persona.

Definitivamente el sentido común sugiere que las relaciones interpersonales son claves para el bienestar emocional de todo individuo, hemos sido creados para interactuar, estar en compañía, por lo que este fantasma vendría a ser un sinónimo de anormalidad. Dios en su plan no quería que estuviésemos solos, y en nuestra experiencia como consejeros que sabemos, conocemos, atendemos y compartimos con muchas personas que viven en soledad; en este capítulo quiero que busquemos el lado positivo de esta condición para aportarnos una aptitud reflexiva y madura para mantener el mundo interior estable a pesar de las circunstancias anteriormente expuestas que podamos enfrentar.

En épocas pasadas se pensaba que los sentimientos de soledad aumentaban con la edad, esto de acuerdo a encuestas realizadas, donde el mayor número de encuestados afirmaban que la peor experiencia de llegar a la vejez era vivir con este fantasma; sin embargo otros estudios revelan que a medida que aumentaba la edad, habían menores manifestaciones de aislamiento, ya que las personas ancianas podían establecer redes de relaciones más estables, a diferencia de la etapa de la juventud, en la que los muchachos están intentando y aprendiendo a conseguirlas y en el proceso de una incorrecta socialización iniciada en el vinculo familiar, puede dejarlos atrapados y presos en un estilo de aislamiento, de allí surgen los altos índices de depresión, drogadiccion y suicidio en adolescentes.

Si hacemos un análisis de la sociedad de la que somos parte y a pesar de vivir en la era de los avances tecnológicos, de tener el beneficio de conectarnos a través de las redes sociales, ir a los campos de trabajo y relacionarnos en grupo, reunirnos en nuestras comunidades cristianas, descubrimos que las demandas y presiones sociales nos han llevado a ser personas

*individualistas y a estar distanciadas, estando físicamente
o tecnológicamente cerca pero emocionalmente lejos.*

*En cuanto a la influencia que han tenido las redes
sociales en nuestra vida relacional, puedo concluir que
las redes sociales nos unen a las personas que están lejos
como medio de información y conocimiento de ellas, pero
en muchas ocasiones no producen un efecto de afecto
estrecho y dependiente en nuestras emociones hacia estas
relaciones, y estas redes pueden lograr distanciarnos
igualmente de las personas que físicamente tenemos
cerca; creo que es una verdad digna de analizar que
está creando cada día en los corazones sentimientos de
soledad y aislamiento, llevándonos por el camino de la
insensibilidad, la poca compasión, la indiferencia, la
ausencia de amor por el prójimo, aún la ausencia de amor
por los seres amados.*

*Los avances tecnológicos nos han llevado a ser una
sociedad conectada sin involucrar sentimientos positivos
genuinos que nos unan en relaciones saludables, más bien
nos motivan a estilos frívolos e individualistas.*

*Estoy segura que la soledad no es el plan de Dios
para ningún ser humano, es más, Dios vio la soledad
como un problema cuando creó a Adán y declaró: ..."No
es bueno que el hombre esté solo...", de allí el inicio de la
multiplicación para que todo individuo tuviese relación,
ya sea matrimonial, familiar, amistosa o fraterna, con el
fin de no estar ni sentirnos solos y aislados, nos creó para
la convivencia y que podamos alimentarnos con otras
relaciones.*

*Con mis próximas líneas deseo que mis lectores
puedan identificar las raíces que se arraigan en el
corazón de las mujeres y porque no decir de hombres
también, aunque en menor escala; producto de un círculo
vicioso que les mantienen presos de sentimientos de*

soledad constantes, comportamiento que se puede llegar a convertir en una jaula, quedando atrapados por adoptar una conducta viciosa, repetitiva, creando una fortaleza en su personalidad, y al final de la etapa les lleva a hundirse nuevamente en este sentimiento.

Generadores de soledad

La manera en que nos visualizamos así socializamos

Es importante identificar la forma negativa que podemos tener de sí mismas, conducta adoptada que pude compartir en uno de los capítulos de este libro.

Como definimos en nuestro interior quienes somos nos libera o nos hunde, determinando como actuamos ante ciertas situaciones y circunstancias, de allí identificar como responder a los fracasos de la vida es sumamente importante para no permitir que la soledad nos enjaule o nos oprima y deprima.

Las mujeres que han tenido fracasos pasados en sus relaciones interpersonales, pueden terminar convencidas que fracasaran nuevamente al tratar con los demás, esto debido a que su baja auto estima las rebajan al punto de sentirse inhabilitadas, siendo llevadas al aislamiento, como resultado de pensamientos negativos de sí mismas que las auto descalifican de una buena y saludable interacción. Comienzan a considerar que sus conversaciones no son efectivas, amenas o agradables al oyente, sienten vergüenza al expresarse porque podrían llegar a ser burla de quien le escucha, se cohíben de desarrollar una fluida, abierta y espontanea relación porque creen exteriorizar su nivel de valoración sintiendo que los demás valen más que ellas, colocando en sus vidas

murallas que no permiten que las personas les conozcan y
penetren su privacidad, llevándolas al aislamiento.

La soledad produce aislamiento

A muchas mujeres que viven hundidas en sentimientos
de soledad les es difícil socializar, relacionarse, participar
en grupo; en ocasiones manifiestan una personalidad poco
agradable, no disfrutan de la compañía de las personas
y tienen dificultad de tratar con cordialidad a los demás,
tomando el escape de vivir solas y ser independientes
con el fin de no tener que interactuar y relacionarse,
hundiéndolas en la amargura y resentimiento.

El rechazo: un generador de soledad

Es importante identificar el rechazo, tema que al
igual que la auto imagen le dedique un capítulo, y el
cual es importante identificar porque el mismo genera
rechazo hacia otros, en otras palabras el rechazo produce
rechazo. La forma de actuar de una mujer que vive con
quebrantamientos producidos por el rechazo moldea un
estilo de tratar a otros tan negativo que sus acciones y
palabras producen barreras de distanciamiento, porque
su actitud hacia los demás es de un trato negativo que
las lleva a facturar su condición de rechazo en otras
personas, independientemente del vínculo afectivo que
tengan con ella; y es que definitivamente nadie quiere
mantener una relación con alguien negativo y menos aún
con personas que tratan mal a otras.

La soledad produce sus frutos

Es importante visualizar que este sentimiento
alimentado por los quebrantos emocionales y fracasos,
puede convertirse en una fortaleza, adoptándose como un

estilo de vida, y aunque en el fondo del corazón se desea salir de este círculo vicioso, las raíces arraigadas en lo profundo y oculto alimentan la savia de un árbol con ramificaciones que producen su fruto, llámelo tristeza, ansiedad, depresión, desesperanza, esto producto de cualquier choque negativo que produce un nuevo impacto.

Después de identificar los factores que desencadenan soledad y el aislamiento, que son importantes reconocer para enfrentar, quiero que pasemos la página de estas líneas oscuras y pueda toda mujer que ha estado en esta jaula preparar su corazón para volar no con alas cortas, sino que pueda volar con las alas de la libertad. Si eres una de esas mujeres enjaulada te estarás preguntando: ¿se puede?, debo responderte con trasparencia y seguridad que si se puede, si tu así lo permites, ya que somos nosotras en nuestro libre albedrío quienes damos el paso de desear cambios en nuestras vidas y somos quienes tenemos la potestad de abrir nuestro corazón para que se produzcan las reparaciones divinas, así que si tu quieres, si se puede. Pasemos al otro lado y entremos en el proceso de reconocimiento.

Capítulo 14

EVALUACIÓN Y RECONOCIMIENTO

Aceptar que estas en la jaula, visualizar el círculo vicioso y decidir romper con el y arrancar las raíces sembradas en el corazón, te puede llevar a caminar en libertad.

Hasta que una persona no descubre y enfrenta la realidad de su verdad no podrá trabajar a favor de superarla, y este libro se trata de reconocer las raíces arraigadas en nuestras vidas, para poder arrancarlas y sembrar semillas de bendiciones en nuestros corazones para disfrutar de los planes y propósitos que nuestro Padre Celestial ha trazado para nuestras vidas. Solo cada una de nosotras es responsable de parir o abortar el plan.

Las personas que se encuentran en vicios como el alcohol, las drogas, la fármaco dependencia, hasta que no reconocen su atadura no pueden dar el paso a su liberación, muchas se hunden en sus prisiones por no querer reconocer el problema que les ata. Hoy con mis líneas pido a Dios que ilumine el entendimiento de cada persona que esta prisionera en sus jaulas espirituales *y emocionales, para que las páginas de este libro les dé una pequeña luz en medio de la oscuridad y puedan visualizar, aceptar y decidir desarraigar los quebrantos que impactan sus emociones, entre ellos la soledad. En mis próximas líneas les dejaré a mis amigas que están sufriendo este mal algunas sugerencias que le ayudarán a sobreponerse y ver el lado positivo.*

Dile no al aislamiento

A pesar de las circunstancias que puedas estar pasando, no debes aislarte, si te alejas de tu círculo social, conducirás en dirección a la jaula de la soledad; por lo que bajo ningún concepto debes separarte emocionalmente de tus seres amados, ni amistades.

Las acciones en nuestras vidas son el resultado de las decisiones que tomamos, decidimos actuar de una forma correcta o incorrecta, decidimos involucrarnos en permanecer dentro de relaciones saludables que nos alimenten y que igualmente podamos alimentar elevando la estima mutua, o tomamos el camino del aislamiento. La decisión está en tus manos.

Acepta y enfrenta cambios

Si se aprende a aceptar y enfrentar los cambios que se producen, se podrán quebrantar barreras que se convierten en obstáculos para el avance y la victoria. En el recorrido por la vida encontraremos que algunas relaciones mueren por un sin número de circunstancias, entre ellas malas experiencias, fracasos, traiciones, perdida física o distancia; pero podemos adquirir la entereza y capacidad de sobreponernos a la adversidad y lograr que nazcan conexiones significativas y saludables, cuando le damos un voto de confianza a las personas que desean conectarse con nosotros y nos damos un voto de confianza a nosotras mismas, porque podremos creer que si hay capacidad interior para interactuar con amor, respeto y libertad; acción que requiere de voluntad, tiempo y esfuerzo para construir las nuevas relaciones.

Esta decisión te llevará a enfrentar nuevos riesgos en tu vida, pero alguien dijo que el que no arriesga nunca sabrá si puede ganar; un riesgo que te llevará a sacrificar independencia, aislamiento y autosuficiencia, pero que te llevará a ganar amor, confianza y aceptación por las personas y por ti misma, que elevará a tal nivel de madurez y seguridad que te hará libre, con interacciones que te alejarán de la soledad.

Mejor sola que mal acompañada

Amiga lectora, quiero sacar estas palabras de mi corazón a tu corazón, para dejar una guía direccional a tu vida; quiero hacerlo con sinceridad y trasparencia por la experiencia ministerial de ya casi 30 años, donde he podido compartir con una gran cantidad de mujeres que emocionalmente se sienten deprimidas por la soledad, que las ha llevado por el camino equivocado debido a su condición, ya que la soledad si no se aprende a manejar puede llevar a la determinación trágica del precipicio; esta en muchas ocasiones cuando consigue a un corazón vulnerable, sin escudo de protección se convierte en una mala consejera.

Si estas pasando por un proceso emocional negativo y te sientes sola como resultado de un divorcio o viudez, lo que se convierte en un luto para ti, o has llegado a cierta edad sin casarte u otra circunstancia; no tomes la determinación de unirte a una nueva pareja por la simple razón de sentirte sola, no trates de cubrir tu soledad permitiendo que los sentimientos por alguien se aniden en tu corazón sin permitirle a la razón que actúe de una manera sobria, madura y equilibrada y sin permitirle a tu guía el Espíritu Santo que te afirme lo correcto; cuando los sentimientos comienzan a gobernar, la razón se duerme ante la imposición de lo que se siente, y nuestro guía se aparta cuando la terquedad, intransigencia y sentimientos gobiernan. El vacio no se llena necesariamente con una nueva relación, ya que hay mujeres que han quedado sin compañía pero no se sienten solas.

No corras a involucrarte sentimentalmente por el simple hecho de sentir soledad, no te apresures sin tener la convicción y dirección de un padre que te ama y desea lo mejor para tu vida, nuestro Dios conoce el futuro, sabe lo que necesitas y él mejor que nadie quiere, puede y es capaz de suplir todas tus carencias, incluyendo la soledad y puede darte la compañía correcta y adecuada para ser tu complemento emocional. Así que la soledad puede ser una mala consejera si no aprendes a manejarla y no estás conectada a la voluntad de Dios y su palabra.

La Biblia dice que "Donde no hay dirección sabia, caerá el pueblo; Mas en la multitud de consejeros hay seguridad." Proverbios 11:14 (RVR 1960); el buen consejo te librará de una mala decisión, quedarte en silencio te llevará por el camino equivocado. No calles, busca ayuda, no te quedes sin la asistencia de un guía espiritual que te permita ver una luz en el camino, que te lleve a un punto de equilibrio y razón. Si te apoyas en la persona con la que alimentas tus sentimientos, simplemente estas abonando el terreno para sembrar más dependencia y afinidad; pero si buscas al consejero neutral este te puede presentar un panorama realista, y con esto no estoy afirmando que si estas en esta situación esa personas con las que tienes sueños no será la adecuada para cumplirlos; al punto que quiero llevarte es que no permitas que este sentimiento del que estamos hablando en este capítulo te lleve a decisiones fuera de la voluntad de Dios. Lo que si te sugiero en mis líneas es que no busques ayuda si la necesitas en personas que han fracasado en esta área.

Localiza profesionales, líderes espirituales maduros y estables; pero sobre todo, por encima de la guianza humana está la directriz del Espíritu Santo que dice la Biblia que nos guía a toda verdad.

Encontrando una fogata fraternal

El ser miembro activo de las comunidades cristianas no solo alimentan nuestra relación con Dios y con otros, también crecemos en amor, cuidado mutuo, aceptación unos con otros y aprendemos a madurar espiritualmente.

Por trabajar por muchos años a nivel radial y creyendo firmemente en la radio cristiana como un ministerio, se el efecto positivo y crecimiento que produce la programación con enfoque bíblico, pero no puedo negar que la radio cristiana también ha causado un fenómeno que ha llevado a los radio escucha a alimentarse solo de estos ministerios radiales. Tengo que agradecer de forma personal por estos medios de comunicación a favor de la expansión del evangelio que aportan crecimiento espiritual, pero ellos solo vienen a ser un complemento en el trabajo de crecimiento de cada individuo sin llegar a ser un todo; no podemos pasar por alto el orden bíblico a lo que están llegando muchos radio escucha, el de no dejar de congregarnos, este orden divino debe mantenerse vigente hasta la venida de Cristo, no solo porque Dios así lo instruyó a su iglesia, sino que también es una fuente de cultivar amor, interacción, compasión, respeto y sobre todo nos ayuda a conservar un sentido de pertenencia que es una gran recurso para apartarnos de la soledad que entumece los huesos y enfría el corazón, somos parte de la iglesia de Cristo.

El salmista David lo pudo expresar en su cántico de bienaventuranza, o sea de felicidad de todo aquel que disfruta del amor fraternal y es parte de una comunidad de creyentes en Dios y su palabra descrito en el Salmo 133:1-3 (RVR 1960), él dice: "¡¡Mirad cuán bueno y cuán delicioso es. Habitar los hermanos juntos en armonía! Es como el buen óleo sobre la cabeza, El cual desciende sobre la barba, La barba de Aarón, Y baja hasta el borde de sus vestiduras; Como el rocío de Hermón, Que desciende sobre los montes de Sion; Porque allí envía Jehová bendición, Y vida eterna." Disfrutar de esta comunión genuina e inigualable nos ayudará a estar en contacto, en calor y comunión a diferencia de solo ser un receptor, solo un oyente sin poder interactuar, ni aportar de lo tanto que Dios nos ha dado.

No pierdas la oportunidad de ser miembro de una iglesia donde puedas alimentarte, crecer, echar buenas raíces, sembrar buenas semillas y recoger deliciosos frutos. Todos al pasar de muerte a vida necesitamos un lugar como parte del cuerpo de Cristo, desarrollar nuestros dones, talentos y capacidades a favor del Reino de Dios, interactuar y dar lo mejor, disfrutando de la amistad y compañerismo que es ordenado en las escrituras y que ofrece el evangelio de Jesucristo.

Un amigo fiel

Decide cultivar una relación profunda con Dios, es tu Padre, te conoce, sabe lo que necesitas, es tu mejor compañía y ha prometido estar con nosotras todos los días. Tenemos un fiel compañero que no nos va a engañar, él quiere comunión con cada una de nosotras y nos invita a que nos acerquemos en la confianza que está cerca, atento a nuestras necesidades y peticiones, su oído está presto a nuestro clamor, y sabe perfectamente como cubrir nuestras carencias.

Si estás leyendo este libro y aún no te han presentado el plan de salvación o no has dado el paso de fe, no has tomado la decisión de aceptar a Jesús como tu único y suficiente salvador, quiero invitarte en estas líneas finales de este capítulo a que des el paso, no temas al futuro y aceptes tener a Jesús como el capitán de tu vida; permítele a aquel que murió en la cruz pero que al tercer día resucitó y venció la muerte, que tome el timón de tu barca para que te lleve a puerto seguro, el conoce la dirección, y también el futuro, si se lo entregas en sus manos él se encargará por completo de sacarte de la prisión de la soledad, ser tu mejor compañía y darte lo que necesitas.

Si te decides a dar el paso de fe, te invito a que me acompañes a decir esta oración: "Señor te doy gracias, porque puedo entender que con amor eterno me has amado y por eso has prolongado tu misericordia sobre mi vida, te pido Padre que a través del sacrificio de tu hijo perdones mis pecados y me limpies con la sangre preciosa de Jesús, borra mis rebeliones y crea en mi un corazón contrito y humillado delante de ti, hazme una nueva criatura, sana mi cuerpo, mi alma y mi espíritu y llévame al conocimiento de tu verdad a través de tu santa palabra. Gracias por amarme y querer ser mi amigo fiel, en el nombre de Jesús y con la ayuda del Espíritu Santo, amen."

Si has hecho esta oración, te invito a que te conectes con una iglesia cristiana donde prediquen la verdad del evangelio, te puedas bautizar y congregar para tu crecimiento espiritual. Que Dios te bendiga sobreabundantemente.

Los momentos de soledad pueden proporcionarnos grandes satisfacciones cuando tenemos la madurez para manejarlos, convirtiendose es una gran oportunidad para conocer más de nuestra personalidad y aceptarnos como nuestro Padre Celestial nos acepta y nos ama, también nos pueden conducir a un conocimiento profundo de Dios y sus verdades.

Si en los procesos de soledad se aprende a vivir en intimidad con el creador, él llevará a cada mujer a conocer los tesoros espirituales escondidos que tiene para cada vida, para ser usadas de una forma extraordinaria y sobrenatural como instrumento para llevar instrucción, aliento y sanidad a muchas otras. Te invito a ver el lado positivo de la soledad y disfrutar esta oportunidad de estar solteras pero no solas.

Capítulo 15

UN VERDUGO INCLEMENTE

Una lucha interior no resuelta

n este capítulo quiero dejar una visión clara de la culpa, una emoción negativa que se alimenta por el recuerdo voluntario o involuntario de una imagen, acción, palabras o pensamientos, dejando marcas negativas en la vida de quien la atesora, desencadenando un quiebre en su valor como persona.

Posiblemente algunas de mis lectoras así como yo, han querido meterse en una especie de túnel del tiempo para tratar de cambiar algunos sucesos del pasado, y muchas mujeres por años viven sumergidas en sentimientos de culpabilidad por el recuerdo negativo de lo que fue o de lo que pudo haber sido, como el de una joven que queda embarazada de forma sorpresiva y no deseada, o una adolescente que en lo oculto de sus padres consume drogas, o que de la madre con hijos rebeldes y agresivos en contra de ella, llevando el peso de la culpa por tal acción, y la esposa que se siente responsable del abandono de su marido con alguien que ella introdujo en su hogar y *decía ser su mejor amiga, el cuadro de la mujer que en su infancia es abusada sexualmente por un pariente cercano.*

Estos son cuadros de la cotidianidad en la vida de tantas mujeres que las enfrenta a un sentimiento de repudio, suciedad y culpa por lo ocurrido, llegando a pensar en lo profundo de sus corazones que no tendrán la esperanza de sobreponerse a tales acontecimientos; pero se agrava aún más la condición cuando se factura a otros por los resultados de desgracia y dolor que han o están atravesando, hundiéndolas en problemas espirituales silenciosos y ocultos que desencadenan como en otras rupturas emocionales como las anteriormente tratadas en pasados capítulos, en una lista de síntomas expresados como: ansiedad, depresión, odio así mismas y hacia los demás, temores, uso de drogas, y que los estudiosos de la conducta humana dejan demostrado que algunos de los problemas síquicos y nerviosos además de otras enfermedades son el resultado de las luchas internas no resueltas por la persona que es afectada.

Es por esto que como ministros del evangelio debemos ver las enfermedades emocionales con tanta o más importancia que las enfermedades físicas y atenderlas con las herramientas espirituales que las Sagradas Escrituras nos proporcionan para enfrentarlas y vencerlas; y lo que determina que ni la medicina, el sicoanálisis, el alcohol, la droga, el sueño, los viajes y diversiones pueden aportar paz a una conciencia intranquila y con sentimientos culposos.

Hasta que una mujer no decida como en el resto de los otros quebrantos de forma determinante tratar bíblica y espiritualmente la realidad, y llegar a sentirse verdaderamente perdonada y genuinamente perdone a quienes ocasionaron daño, vivirá buscando vías de escape como las antes expuestas para calmar su conciencia.

Resultados de una condición culposa

Los sentimientos de culpa atan a las personas al pasado, ellas se quedan ancladas en el recuerdo de lo sucedido, llevándolas a perder la bendición de vivir a plenitud su presente.

Muchas mujeres por años viven prisioneras de los acontecimientos negativos y se auto castigan sin poder disfrutar del beneficio del perdón, lo que las lleva a vivir estancadas en el tiempo de los acontecimientos, llámele a estos: aborto, quebrantamientos de los principios religiosos, abuso sexual, prácticas ilícitas como sexo, alcohol o droga en oculto, sintiéndose indignas y no merecedoras del perdón por parte de sus seres amados o Dios.

Cuando una mujer se hunde en este sentimiento, no le permite aprender de los errores cometidos y al cometer otro error se auto castigan, acusándose y criticándose sin visualizar el provecho que puede sacarle al error cometido, porque no solo aprendemos del éxito; todas podemos aprender de nuestros desaciertos y usarlos como un puente que nos dirija a un nuevo alcance, a un nuevo nivel.

El punto más bajo de esta lucha interior y silenciosa es que se produce una sordera espiritual, los oídos se bloquean para no escuchar la voz direccional del Espíritu Santo, que dice la Biblia "nos guía a toda verdad", creando sensibilidad a la voz del alma y a la voz de nuestro adversario el diablo.

La resistencia a enfrentar y combatir la culpa levanta murallas espirituales que no permiten el avance y crecimiento. Este mal es una de las armas que es utilizada por nuestro adversario para lograr impedir crecimiento emocional y espiritual, transformándose en una voz a la conciencia que le incrimina haciéndole ver que Dios le juzgará y rechazará, sintiéndose indigna del amor y perdón del Padre Celestial.

Siempre nos gusta hablar de la victoria que tenemos en la vida cristiana y creo personalmente que debe ser así, ciertamente debemos testificar de las grandezas de Dios en nuestras vidas, pero mi pregunta fría y realista en estas líneas es: ¿victoria sobre qué? cuando encontramos a tantas mujeres en nuestras comunidades cristianas que han dado el paso de profesión de fe aceptando a Jesús como su único y suficiente salvador, sin embargo en su soledad y en lo oculto de sus corazones atesoran desesperanza, amargura, rechazo y culpa, habiendo sido ya perdonadas y lavadas con la sangre preciosa de Jesucristo; entonces ¿cómo hablar de victoria con tantos sentimientos encontrados y un mundo interior desordenado?, ¿no creen ustedes amigas lectoras que es hora de dejar de pasar paños tibios a nuestras necesidades y carencias y comenzar a poner las cartas sobre la mesa?. No podrá haber una genuina victoria hasta que cada una personalmente comprenda el verdadero significado de una vida en Cristo y hasta que no lleguemos a un nivel de libertad que nos ofrece vidas abundantes.

En capítulos pasados les entregué algunas de las sencillas herramientas que nos ayudan a atravesar el desierto de los conflictos internos, sencillas pero de manera personal las considero poderosas, ellas me han ayudado a superar muchos conflictos emocionales en mi vida, y hoy las imparto a muchas mujeres que se acercan a mi vida con la misma enfermedad. Estoy totalmente convencida, con la claridad de que Dios nos llamó a libertad, y cuando me refiero a ella no solo lo refiero a gozar de salvación y vida eterna, me enfoco en el fin de vivir libre de ataduras emocionales, caminando en libertad plena de disfrutar de amor, gozo, paz y perdón.

Si no usamos las armas espirituales que nos proveen las escrituras, tendremos dificultad para enfrentar cada choque emocional con el que podremos ser impactadas, así que los problemas espirituales y emocionales no podrán ser resueltos con armas humanas, estos problemas deben ser resueltos con armas espirituales.
La decisión es personal, en tu voluntad está dar el paso de libertad.

Capítulo 16

DEJA LA GUERRA Y BUSCA LA PAZ

"Porque: El que quiere amar la vida Y ver días buenos, Refrene su lengua de mal, Y sus labios no hablen engaño; Apártese del mal, y haga el bien; Busque la paz, y sígala."
1 Pedro 3:10-12 (RVR 1960)

Todas deseamos experimentar en nuestras vidas las bendiciones sobreabundantes de Dios, quien no, verdad; todas sobre esta tierra queremos transitar disfrutando del regalo llamado vida, el problema radica en que se busca llenar los huecos emocionales con salidas nada saludables, y algunas mujeres lo llenan con droga, sexo, dinero y placeres sin comprender que esta vía las conduce aún más en el vacío o por no encontrar vías de escape se hunden en la depresión, tristeza y se encierran en jaulas que en ocasiones las llevan a tomar la decisión del suicidio.

Con este tema quiero ayudarte a conquistar quietud, reposo desde adentro; no a través de vías de escape, y puedas decidir remontarte por encima de los conflictos emocionales y alcanzar orden y estabilidad en tu mundo interior, para enfrentar los embates que asaltan tu embarcación, desechando así los conflictos de guerra y *ruidos estruendosos en tu corazón que te separan no solo de esas relaciones sanas y estables con los que amas y con los que compartes a tu alrededor, sino con una conexión vertical saludable con Dios, aprendiendo a vivir en paz contigo misma.*

Lo podemos lograr a través de un recurso que no se consigue bajo estrategias humanas, ni manipulación, convenios, o dinero, es el recurso provisto por Jesús con su propia vida, comprado en la cruz del calvario para nuestro beneficio, y lo es el recurso de la PAZ.

En una visión profética Isaías revela: "...el castigo de nuestra paz fue sobre él, y por su llaga fuimos nosotros curados." Isaías 53:5 (RVR 1960), un recurso sobrenatural pagado en ese sacrificio para que vivamos a plenitud no importando las marcas del pasado.

La pregunta es ¿puedo vivir una vida de quietud y reposo cuando mi corazón se convierte en un campo de guerra? ¿será posible que yo pueda llegar a esos niveles de PAZ?, mi respuesta es que sí se puede y mi propósito es que puedas ver luz en medio de la oscuridad, que puedas alcanzar esos niveles sobrenaturales de paz. Hoy más que nunca tenemos que apoderarnos de los recursos divinos que están a nuestra disposición y disfrutar de la sobreabundante gracia que el Padre nos ofrece a través del sacrificio de su hijo Jesús.

Hemos revisado a través de algunos capítulos de este libro como los corazones viven sus propios debates ocultos por no querer renunciar a tener conductas conflictivas, y muchas aún a pesar de ser parte de las comunidades cristianas, no quieren renunciar a vivir esos estilos de vida viciados con comportamientos agitados, turbulentos y ausentes de la medida de una vida en el espíritu.

En ocasiones encuentro a muchas mujeres que hablan de paz pero viven en guerra, hablan de quietud pero caminan en zozobra; en otras palabras sus dichos están distantes de lo que viven, y con sus corazones atormentados contaminan lo que está a su alrededor, sus palabras se hacen misiles, sus acciones son tanques de guerra, su mundo interior está tan desordenado que no tienen paz, siempre ven las cosas negativas, siempre tienen que responder, se inmiscuyen en lo que no deben, para todo tienen una palabra, una opinión; lo que provoca interna y silenciosamente un constante huracán destructivo con el deseo de llevarse todo lo que está a su paso y en ocasiones en nombre de aquel que vivió y prometió dejarnos PAZ.

El Apóstol Santiago lo dice sencilla y claramente: "¿De dónde vienen las guerras y los pleitos entre vosotros? ¿No es de vuestras pasiones, las cuales combaten en vuestros miembros? Codiciáis, y no tenéis; matáis y ardéis de envidia, y no podéis alcanzar; combatís y lucháis, pero no tenéis lo que deseáis, porque no pedís..." Santiago 4:1-2 (RVR 1960). Así viven muchas mujeres hoy, en guerras, pleitos, sus corazones arden de envidia, combaten y luchan porque simplemente no han logrado resolver sus conflictos internos ni han llegado a cubrir sus necesidades a través de Dios y su palabra para llevar una vida de paz.

Son las características de mujeres y aún creyentes que sus corazones son tan turbulentos, que se convierten en personas tan intensas en sus emociones que provocan guerra, porque sus conflictos no son sometidos al poder de Dios, enfrentadas a batallas constantes en sus vidas personales, familiares, en los campos de trabajo, con sus compañeros de oficina, convirtiéndose en personas toxicas y raquíticas que nunca terminan de crecer.

Pero sí puedes lograr alcanzar paz cuando comienzas a trabajar espiritualmente para ordenar el desorden y someter las pasiones al gobierno del Espíritu Santo.

Necesitaras iniciar el trabajo en la sede de tus emociones, allí donde se forma ese huracán debe llegar el antídoto para la turbulencia.

Jesús nos hace hoy el mismo ofrecimiento que le hiciera a sus discípulos y era la promesa de que podían alcanzar paz a pesar de las circunstancias y dice: "La paz os dejo, mi paz os doy; yo no os la doy como el mundo la da. No se turbe vuestro corazón, ni tenga miedo" Juan 14:27 (RVR 1960), Jesús estaba claro que los discípulos iban a enfrentar una serie de conflictos por su muerte, y reunidos en la ultima cena, cuando este compartía con ellos, los estaba preparando para su partida, se acercaban momentos difíciles, entre ellos estaba el que tenían que enfrentar la traición de Judas quien entregaría a su maestro, saber que Pedro negaría a Jesús, y que su señor estaba siendo buscado para ser aprendido y entregado; pero sabiendo que todas estas noticias producirían impactos emocionales de angustia, ira, rabia, temor, amargura, tal vez culpa y soledad por la pérdida, los prepara. Todos estos acontecimientos traerían agitación al alma de sus discípulos y les da una palabra de aliento y quietud para que puedan enfrentar tal confrontación emocional.

Jesús en medio de esta última reunión les pide confianza en él y les dice: "NO se turbe vuestro corazón; creéis en Dios, creed también en mí." Juan 14:1 (RVR 1960), conociendo lo que habría de acontecer, les pide que confíen, que no permitan que cualquier cosa que suceda los saque de la estabilidad y la confianza de que el señor al que le sirven nunca perderá el control. Es la confianza que te pide que tengas hoy para enfrentar los embates de la vida que ocasionan quebrantamiento emocional, para poder seguir viviendo una vida de libertad.

El les recuerda a sus amigos que deben confiar, reposar, tener paz, en otras palabras: yo me estoy despidiendo de ustedes pero en mi ausencia les voy a dejar dos recursos que los van sostener y sacar de la turbulencia interna, de la angustia; esos dos recursos son el Espíritu Santo que siempre les guiará a toda verdad, el Consolador, y no los voy a dejar en confusión ni sin dirección, él les enseñará todas las cosas, y el segundo es el recurso de mi paz, una paz indescriptible porque no se produce en esta tierra, ella es como una anestesia total que permite soportar los conflictos, convirtiéndose en un antídoto para la angustia y la desesperación.

Nunca compares la paz del mundo con la paz que Dios ofrece, la primera es circunstancial a través de la droga, alcohol, dinero, fármaco dependencia, bienes materiales, placeres, sexo; esa no es real, la que él te invita a experimentar es real y duradera.

Me identifico cuando las palabras están ligadas con el testimonio, y recuerdo al Apóstol Pablo con casa por cárcel en Roma escribiendo lo que muchos denominan la carta del gozo, y Pablo privado de su libertad declara estas palabras diciendo: "Y la paz de Dios, que sobrepasa todo entendimiento, guardará vuestros corazones y vuestros pensamientos en Cristo Jesús." Filipenses 4:7 (RVR 1960), la primera observación que saco de este verso es que la paz de Dios está por encima de cualquier comprensión humana, y que en nuestra mente finita no cabe la idea de vivir en quietud y tranquilidad como un estilo de vida y aún mantenernos en paz en medio de las tormentas emocionales; ella no califica con nuestros términos humanos ya que va más allá de lo natural, es paz sobrenatural sin aditivos de ninguna especie, sin formulas químicas, sobrepasa todo, todo entendimiento. La segunda observación es que al aprender a caminar en niveles de paz entonces esta se convierte en un refugio, protege, guarda, y cuida nuestros corazones y nuestros pensamientos.

Si caminas en paz, tu vida cambia, eres trasformada, ya no hablas por hablar, ni actúas por los impulsos de tus choques emocionales, ni tomas decisiones por resentimientos ni angustias, sino que el Espíritu Santo guiará tu vida y podrás vivir en paz contigo, con Dios y con los demás.

Como la conseguimos

Quiero decirte que no viene por correo, ni se alimenta de malas conversaciones, ni llegará por casualidad, la paz hay que buscarla, perseguirla, anhelarla, quererla, desearla y separándose de toda especie de mal. Si quieres decidir hoy tomar este paso de libertad debe proponerte en tu corazón renunciar al estilo de guerra, de conflicto, de ansiedad y angustia por las malas experiencias del pasado, y comenzar a decodificar la basura que se guarda en el disco duro de los pensamientos para habilitarlo con pensamientos de bien.

La decisión de buscarla te llevará a un nuevo estilo de vida y aprenderás a darle valor a vivir lejos de conflictos internos. El Apóstol Pedro en una de sus cartas se refiere de esta forma diciendo: "Porque: El que quiere amar la vida Y ver días buenos, Refrene su lengua de mal, Y sus labios no hablen engaño; Apártese del mal, y haga el bien; Busque la paz, y sígala." 1 Pedro 3:10-12 (RVR 1960). Y que alguien me diga: ¿quién no quiere amar su vida?, ¿quién no quiere ver días buenos?, ¿verdad todas lo queremos?. Estoy firme de que todas amamos nuestra vida, y todas queremos amanecer disfrutando de días buenos; nadie se levanta cada mañana esperando que le acontezcan cosas malas, queremos que todo lo que suceda en nuestras vidas sea bien y no mal. Creo que tu esperas lo mismo, cosas buenas, no malas.

Entonces de ser así necesitará hoy comenzar con la firme tarea de trabajar para ver días buenos a pesar de las circunstancias, tomando la determinación de apartarte del mal, cuidar lo que hablas, no decir mentiras que producen guerras, trabajar tus emociones para no dañar, ofender, criticar; hoy debes renunciar a esas guerras ocultas y silenciosas que nadie puede palpar pero que tú con trasparencia en el hueco de tú corazón sabes que existen y te tienen intoxicada, convirtiéndose en un amor fingido, con envidias, odio, rencillas, amargura, y da el paso de ir en contra de esos sentimientos para sembrar la buena semilla en el corazón, que da fruto de bien aún con tus enemigos, los que te han ofendido, te han traicionado y humillado.

Tienes que dar el paso firme de desear y buscar en intimidad con Dios la paz que él ofrece; cuando la consigas: síguela, persíguela, atesórala en tu mente y tu corazón, ella te llevará a una relación vertical efectiva con tu Padre Celestial, que resultará en paz horizontal saludable con los que están a tu alrededor y te amistarás contigo misma.

Vuelve ahora en amistad con él, y tendrás
paz; Y por ello te vendrá bien.
Job 22:21 (RVR 1960)

Capítulo 17

LA RUTA DEL PERDÓN

"...soportándoos unos a otros, y perdonándoos unos a otros si alguno tuviere queja contra otro. De la manera que Cristo os perdonó, así también hacedlo vosotros."
Colosenses 3:13 (RVR 1960)

Después de tantas líneas que revelan verdades ocultas en el mundo interior y que producen un hueco en el vacío, quiero llevarlas a que podamos recorrer la ruta del perdón, que podamos aprender el verdadero significado de la milla extra; y no precisamente con aquellas personas con las que siempre nos sentimos cómodos, a gusto y complacidos de su amistad y compañía, no con los que nunca nos han ofendido y humillado. Estoy hablando de caminar la milla extra con las personas con las que nos hemos sentido dolidos y resentidos en algún momento de nuestras vidas por una palabra o acción en contra nuestra o hacia algún ser amado.

Es cierto que en nuestra condición humana queremos transitar por cualquier vía que nos inviten a recorrer, excepto el camino del perdón; al solo pronunciar la palabra, produce en el corazón una intimidación que *causa dolor. Creo que todos en el recorrido por esta tierra nos hemos sentido vulnerados por una calumnia, un gesto indebido, una palabra o acción que nos conduce al quebranto emocional, hemos vistos a través del recorrido por los capítulos anteriores como se producen grietas en nuestras vasijas a causa de los sentimientos negativos que nos embargan; todas estas son realidades con las que caminamos en nuestro transito por la vida.*

Pero quiero dejar en tu corazón la reflexión que te ayude a visualizar que nosotras también hemos podido haber producido una grita en el corazón de alguien en algún momento, y ojala esto pueda ser un aporte para ser más flexible a la hora de tener que exonerar a una persona de sus ofensas.

El Apóstol Santiago es tan claro y practico que lo refiere en su carta de esta forma: "Hermanos míos, no os hagáis maestros muchos de vosotros, sabiendo que recibiremos mayor condenación. Porque todos ofendemos muchas veces. Si alguno no ofende en palabra, éste es varón perfecto, capaz también de refrenar todo el cuerpo." Santiago 3: 1-2 (RVR 1960), son palabras inspiradas por el Espíritu Santo que nos pueden concientizar al no querer ceder y perdonar; cuando somos la victima queremos que los daños sean reparados por parte de aquel que produce la ofensa, pero cuando somos las que ocasionamos heridas no deseamos bajo ningún concepto tomarnos la medicina; así que el Apóstol nos exhorta diciendo: "todos ofendemos muchas veces", y como yo siempre digo nadie está excluido, todos somos todos, y como todos estamos incluidos para ser perdonados, todos estamos incluidos para perdonar, porque por naturaleza humana no estamos excentos de producir grietas en otros corazones; creo que si entendemos y asimilamos la sencillez de este versículo puedes dar un paso para hacerte sensible y comprender que todos los que te han ocasionado daño son merecedores de perdón no solo por Dios, también por parte tuya.

Las relaciones interpersonales son muy complejas y no podemos negar que por nuestra condición pecaminosa hay acciones que a pesar de buenas intenciones estas pueden verse amenazadas por malos entendidos, discusiones, errores humanos y conflictos personales, que producen ruptura relacional y comunicacional, alimentando dolor, tristeza y agrietando así los corazones, ocasionando consecuencias físicas, emocionales y espirituales; Y tratar nuestros conflictos con nuestros propios recursos y a nuestra manera resulta difícil, frustrante y sin resultados, dejando profundas marcas.

Me gusta que al Dios al cual sirvo por muchos años y que nos conoce y sabe lo vulnerables y sensibles que somos a la ofensa, él construye una vía, un recorrido, un camino y es la ruta del perdón; que no es otra cosa que dejar sin castigo a la o las personas que han ocasionado un agravio, una ofensa, una humillación.

El perdón es la acción personal de liberar a quienes consideramos que nos han lastimado; decidimos exonerarle de toda responsabilidad y obligación de las que creemos tener derecho de hacerle juicio, y cuando ejecutamos ese perdón estamos simplemente cediendo nuestro derecho a la defensa, convirtiéndose igualmente en una llave para nuestra liberación; de no ser así, de no transitar la vía del perdón caminaremos en oscuridad con tantas emociones negativas.

Con este panorama quiero confrontarte y preguntarte: ¿crees tú que tienes la capacidad de perdonar?, ahora qué te ves confrontada a esta realidad ¿crees tener la capacidad natural de perdonar al hijo que tiene mal comportamiento?, ¿podrás perdonar a la amiga que te ha traicionado?, ¿al esposo que ha sido infiel?, ¿podrás perdonar a quién te abuso de niña?, ¿perdonarás al padre que te ha abandonado?

Deseo ser sincera y realista, ya que este proceso de absolución de alguien que me ha hecho daño, manera personal ha sido difícil para mí. Perdonar no es tarea fácil, no es tan sencillo como se escribe, cuando nuestros sentimientos han sido golpeados, y tal vez al tu estar leyendo este capítulo estarás afirmando en tu pensamiento que lo que te estoy hablando es real, porque tu al igual que yo has pasado por el dolor de la ofensa.

Lo cierto es que nuestros corazones no están condicionados a fácilmente pasar por alto el agravio, pero lo que si he aprendido en mi propia experiencia y les digo que son muchas las veces que me he sentido resentida; que hay una verdad que encontramos en la Biblia y que Jesús lo enseña de una forma entendible y sencilla, así que no necesitarás un doctorado en teología para comprenderlo, lo que si necesitarás es un corazón dispuesto para asimilarlo y practicarlo; y se refiere al amor para aquellos que nos han herido; y Jesús en su discurso en el Sermón de Monte lo dice así: "Oísteis que fue dicho: Ojo por ojo, y diente por diente. Pero yo os digo: No resistáis al que es malo; antes, a cualquiera que te hiera en la mejilla derecha, vuélvele también la otra; y al que quiera ponerte a pleito y quitarte la túnica, déjale también la capa; y a cualquiera que te obligue a llevar carga por una milla, ve con él dos. Al que te pida, dale; y al que quiera tomar de ti prestado, no se lo rehúses. Oísteis que fue dicho: Amarás a tu prójimo, y aborrecerás a tu enemigo. Pero yo os digo: Amad a vuestros enemigos, bendecid a los que os maldicen, haced bien a los que os aborrecen, y orad por los que os ultrajan y os persiguen; para que seáis hijos de vuestro Padre que está en los cielos, que hace salir su sol sobre malos y buenos, y que hace llover sobre justos e injustos. Porque si amáis a los que os aman, ¿qué recompensa tendréis? ¿No hacen también lo mismo los

*publicanos? Y si saludáis a vuestros hermanos solamente,
¿qué hacéis de más? ¿No hacen también así los gentiles?
Mateo 5:38-48 (RVR 1960), difícil verdad!!*

*Dicen que al que no le gusta la sopa le dan tres
tazas; verse en un cuadro así y dar el paso de obedecer
la petición de Jesús, wao, no podremos negar que hace
gran resistencia en nuestros corazones, nos negamos
a tomarnos esta medicina; es más, muchas mujeres
prefieren morir por la enfermedad que permitir las
reparaciones divinas.*

*Para algunas personas, incluyéndome a mí, hablar el
tema producía rechazo, porque saber que debo bendecir,
perdonar, amar, absolver, darle mi túnica, la capa,
caminar la milla extra, hacerles bien y orar por quienes
nos hacen daño definitivamente no es tarea fácil; pero
lo bueno es que quien hace la demanda está dispuesto a
ayudarnos para dar pasos de libertad.*

Dando pasos de libertad a través del perdón

Un Mandamiento

*Encontramos al Señor dejando otra instrucción, un
mandamiento claro y determinante que involucra nuestra
vida espiritual, en el libro de Marcos 11:25-26 dice:" Y
cuando estéis orando, perdonad, si tenéis algo contra
alguno, para que también vuestro Padre que está en los
cielos os perdone a vosotros vuestras ofensas. Porque si
vosotros no perdonáis, tampoco vuestro Padre que está
en los cielos os perdonará vuestras ofensas" (RVR 1960),
palabra clara la del Maestro que no necesita explicación,
solo obediencia.*

*Encontramos igualmente al apóstol Pablo quien nos
da instrucciones en la misma línea del pensamiento*

de Jesús diciendo: "Vestíos, pues, como escogidos de Dios, santos y amados, de entrañable misericordia, de benignidad, de humildad, de mansedumbre, de paciencia; soportándoos unos a otros, y perdonándoos unos a otros si alguno tuviere queja contra otro. De la manera que Cristo os perdonó, así también hacedlo vosotros. Sobre todas estas cosas vestíos de amor, que es el vínculo perfecto." Colosenses 3:12-15 (RVR 1960).

No cree usted que estas son ordenes divinas que debemos prestar atención, para velar por nuestra salud espiritual y recuperar nuestra salud emocional.

Vivir de acuerdo al reino de la luz y obedecer el mandamiento divino nos da una visión de lo que Dios espera de nosotras, con el propósito de que nuestro orgullo sea doblegado, nuestro yo muera para aprender como Jesús a resistir, soportar y superar la humillación, y quien nos prescribe la medicina, será el que se encargue de ponernos en alto a causa de la obediencia de sus estatutos; y cuando ofendamos a Dios tendremos la seguridad de que así como hemos perdonado a nuestros trasgresores, Jesús nos perdonará por los pecados nuestros.

Proceso de Reconocimiento

Bajo ningún concepto trates de engañarte a ti misma pretendiendo que nada ha sucedido, necesitarás reconocer cuanto te perturba en los pensamientos el agravio, y debes enfrentar la realidad de los sentimientos de frustración, ira, enojo y hasta el desprecio que se produce contra la persona, llámese mama, papa, hermanos, esposo, esposa, hijos, amiga, jefe, líder espiritual. Este proceso te ayudará a iniciar esta ruta dándole nombre y apellido al problema que produce un hueco en el vacio de tu corazón y que sabes que rompe tu relación con el victimario, con Dios y aún contigo misma, porque te mantiene esclava del conflicto.

Trasparencia:

Decide hoy ser sincera con Dios, reconociendo delante del único que puede liberarte de lo ofendida y humillada que te sientes, por la acción voluntaria o involuntaria contra ti y que te produce dolor; aprende a caminar en trasparencia sin nada que ocultar delante de aquel que escudriña los corazones; el salmista David sabía que delante de Dios su corazón estaba desnudo y que no podía ocultarle nada. El rey David lo pudo expresar con gran sinceridad diciendo: "Oh Jehová, tú me has examinado y conocido. Tú has conocido mi sentarme y mi levantarme; Has entendido desde lejos mis pensamientos. Has escudriñado mi andar y mi reposo, Y todos mis caminos te son conocidos. Pues aún no está la palabra en mi lengua, Y he aquí, oh Jehová, tú la sabes toda" Salmo 139:1-4 (RVR 1960); no hay nada oculto, nada secreto para Dios, él todo lo sabe, todo lo escudriña aún lo más escondido de tu corazón. Como David oraba con trasparencia, te invito a que lo hagas hoy delante del Señor, quien está esperando que le entregues tu dolor para sanarte y restaurarte.

Dios te hace la invitación a que te presentes ante el trono de la gracia con tu queja y dolor, el escritor dice: "Porque no tenemos un sumo sacerdote que no pueda compadecerse de nuestras debilidades, sino uno que fue tentado en todo según nuestra semejanza, pero sin pecado. Acerquémonos, pues, confiadamente al trono de la gracia, para alcanzar misericordia y hallar gracia para el oportuno socorro". Hebreos 4:15 (RVR 1960)

No busques a otros que calmen tu dolor

Aprende a no acudir a cualquier persona a desahogarte, un consejo en momentos de necesidad es bueno si lo buscamos en la persona adecuada que nos aporte un apoyo espiritual; pero solo Dios tiene el poder de sanarte. Las personas a las que acudas, si no tienen la madurez para guiarte, podrían contaminarse con tu dolor y pudiesen llegar a identificarse y parcializarse contigo; lo que las pudiese llevar a alimentar tu ira y frustración, y no estoy dejando ver que no tengas la razón en tu caso, pero lo importante es sacarte del pozo de la desesperación por la ruta del perdón.

Valor y Beneficio

Además de verlo como un mandamiento de parte de Dios, tenemos que sacar el mejor provecho a este proceso liberador. Mi pregunta para ti es: ¿Quieres seguir con un hueco en tus emociones por donde se fuga la bendición de Dios, o quieres disfrutar de una vida plena y abundante en Cristo Jesús?, ¿deseas disfrutar de gozo, paz, amor, o para ti es mejor levantarte cada mañana, en soledad, sin alegría, con ira y amargura?, ¿te gustaría tener relaciones interpersonales saludables o quieres seguir caminando con relaciones rotas?; desde ya tienes que comenzar a tomar las mejores decisiones de tu vida dándole valor al recurso que Dios te ofrece en su Palabra y disfrutar de los beneficios.

La ruta del perdón para mí ha sido el recurso de Dios, que utilizo para vivir una vida espiritual equilibrada, que me ha llevado a organizar mi mundo interior que fue desordenado por causa de tantos conflictos, y ahora disfruto de relaciones saludables, donde he aprendido a amarme, perdonarme aún a mí misma y a mis agresores.

Este recorrido no solo nos llevará a disfrutar del beneficio del perdón de Dios cuando hayamos pecado como dice Marcos 11:26, sino que será bálsamo para nuestros corazones.

Tú Decides

Eres tú quien decides, nadie lo podrá hacer por ti, es un paso tan personal como la salvación del alma; es una decisión de tu voluntad de convertirte en tu propia defensora del agravio recibido, donde después de presentar tu defensa y aunque sabiendo que tienes toda la razón de enjuiciar y saber que es culpable el agresor, tomas la firme decisión de retirar todos los cargos en contra y dar el veredicto final: TE PERDONO; Y el juez de jueces te recompensará.

Mientras lees este libro quiero invitarte a que decidas dar el veredicto de liberación a tus agresores y estoy segura que así como yo lo he podido experimentar, podrás disfrutar de paz abundante y sobrenatural que ofrece el Señor cuando recorres la ruta del perdón.

Jamás aprenderemos a Amar, si no
aprendemos a Perdonar

PALABRAS FINALES

He concluido este libro en medio de una gran turbulencia mundial, que también ha tocado las puertas de la nación más poderosa del mundo; con atentados terroristas y unas elecciones presidenciales atípicas e inmorales, donde se pusieron en evidencia las más bajas emociones de los principales contendores, la señora Hilary Clinton y el magnate Donald Trump, dejando en el ambiente una influencia de división y odio, así como mucho desconcierto para millones de indocumentados cuando se conoció el pasado mes de Noviembre la noticia de quien sería el presidente numero 45 de los Estados Unidos de América, el Sr. Donald Trump.

Pero entre tantas noticias con un entorno negativo hubo una que me impactó, y fue la de una bella joven adolescente que tomó la decisión de quitarse la vida delante de su familia producto del abuso emocional silencioso que nuestra sociedad está viviendo.

La noticia de la cadena CNN en español cita así el 02 de Diciembre del 2016: "El cuarto de Brandy Vela, una joven *estadounidense de Texas, está cubierto de notas adhesivas tipo post-it. "Siempre tendrás un pedazo de mi corazón", dice una de ellas. "Nunca serás olvidada", se lee en otra.*

Corazones azules, por sus "hermosos ojos", están pegados de arriba abajo en el corredor de su escuela. Todos ellos son el recuerdo desgarrador de una vida interrumpida muy temprano.

Esta semana Vela se suicidó: se disparó en el pecho, mientras su familia le rogaba que, por favor, no lo hiciera. Apenas tenía 18 años y había sido víctimas de un acoso despiadado." (Fin de la cita)

Historia publica que tal vez no acaparó la sintonía ni el interés de mucho de los medios de comunicación social, porque estas noticias se han convertido en sucesos constantes de tantas jóvenes que toman la fatal decisión, llevando este suceso a un segundo plano de interés; pero que sí me lleva a mí de manera personal a reseñar con tristeza y dejarla plasmada en las notas finales de este libro como un llamado de alerta, de atención a las familias, padres y madres, iglesia y sociedad a no desestimar el poder de las heridas y conflictos emocionales que produce una sociedad enferma.

Ojala estas historias no se sigan repitiendo, y que el cuerpo de Cristo pueda percibir el vacio profundo con el que muchas personas caminan, incluyendo nuestros seres amados y aquellos que están a nuestro alrededor, y que podamos prestarle atención a las necesidades del corazón, donde no se ve el mar agitado del mundo interior pero que se siente cuando tantas hermosas jóvenes como ella toman la cruda decisión de atentar en contra de sus vidas.

Las emociones son complejas y se activan a través de estímulos: un ruido a media noche, viendo una película, a través de expresiones, acciones, palabras, o recuerdos de la niñez. Para bien o para mal ellas influencian nuestro comportamiento y decisiones.

Es por ello que me he sentido motivada a compartir contigo estos temas, para ayudarte a enfrentar las batallas emocionales del diario vivir, y que se que Dios mismo está más interesado que yo en que obtengas la victoria.

El Señor está disponible para que le entregues tus dolencias y poder realizar las reparaciones divinas y restaurar tu equilibrio emocional.

El salmista pudo declarar en sus más profundas necesidades y conflictos emocionales:
"Hubiera yo desmayado, si no creyese que veré la bondad de Jehová en la tierra de los vivientes."
Salmos 27:13 (RVR 1960)

Pastora
Yajaira Massi
Ministerio Restaurando La Familia

Printed in the United States
By Bookmasters